SUSANNE MOHNSEN

IN OBHUT GENOMMEN

DIE GESCHICHTE EINER PFLEGSCHAFT

NACH EINER WAHREN BEGEBENHEIT

Das Werk, einschließlich seiner Teile, ist urheberrechtlich geschützt. Für die Inhalte ist die Autorin verantwortlich. Jede Verwertung ist ohne ihre Zustimmung unzulässig. Die Publikation und Verbreitung erfolgen im Auftrag der Autorin, zu erreichen unter: tredition GmbH, Abteilung „Impressumservice", Halenreie 40-44, 22359 Hamburg, Deutschland.

© 2022 Susanne Mohnsen · in-obhut-genommen.de
Satz u. Layout/e-Book: BÜCHERMACHEREI Gabi Schmid · buechermacherei.de
Covergestaltung: OOOGRAFIK Corina Witte-Pflanz · ooografik.de
Bildquellen: #54561134, #275151563, #458055199, #197587762 | AdobeStock

Druck und Distribution im Auftrag der Autorin:
tredition GmbH, Halenreie 40-44, 22359 Hamburg, Germany

ISBN Softcover: 978-3-347-68332-7
ISBN Hardcover: 978-3-347-68337-2
ASIN: B0B7S13J9K

Um die handelnden Personen in der Öffentlichkeit zu schützen, wurden alle Namen geändert sowie Orte, Lebensumstände und Begebenheiten verfremdet. Auch das Jugendamt in Köln und dessen Mitarbeiter sind rein fiktiv. Dennoch entsprechen die aufgezeichneten Ereignisse den selbst gemachten Erfahrungen der Autorin und geben ihre persönliche Bewertung bzw. Meinungen wieder.

INHALTSVERZEICHNIS

Daniel – Mein Pflegekind.	11
Ein Pflegekind? – Wie alles begann.	12
Ein Kind das passen könnte.	39
Die Mutter.	42
Erstes Treffen.	48
Erste Verabredung.	51
Zweifel und Bedenken.	56
Erster Besuch bei uns.	60
Es wird Ernst.	68
Hospitation in der Schule.	70
Ich muss mich entscheiden.	74
Weitere Treffen. Erste Übernachtung.	79
Letzte Vorbereitungen.	93
Daniels Einzug.	97
Schulstart.	101
Alltagsschwierigkeiten.	105
Gesundheits-Nachsorge.	112
Schulprobleme. Ein Au-pair. Arztbesuche.	117
Psychiatrie oder Hochbegabt.	122
Schulbegleitung.	128
Sommerferien. Winterferien.	136
Psychotherapie und körperliche Gesundheit.	147
Musik und Freizeitaktivitäten.	150
Langeweile und ein Nahrungsdepot.	154
Geschwister.	160

Mobbing.	163
Geburtstag.	167
Aus dem früheren Leben. Aus dem heutigen Leben.	171
Empathie. Hilfsbereitschaft. Lügen. Stehlen.	177
Weihnachtszeit.	182
Pflegschaft versus Adoption.	191
Mutter und Sohn.	194
Klassenreise.	203
Erfolg in der Schule.	206
Gedanken zu unserem Sozialsystem.	211
Danksagung	217

Für F. L.

„Ob ein Kind zu einem warmherzigen, offenen und vertrauensvollen Menschen mit Sinn für das Allgemeinwohl heranwächst oder aber zu einem gefühlskalten, destruktiven, egoistischen Menschen, das entscheiden die, denen das Kind in dieser Welt anvertraut ist, je nachdem, ob sie ihm zeigen, was Liebe ist, oder aber dies nicht tun."

(Aus Astrid Lindgren: „Niemals Gewalt!")

DANIEL – MEIN PFLEGEKIND.

Daniel kam mit sieben Jahren in unsere Familie. Er lebt nun schon seit acht Jahren bei uns – mehr als die Hälfte seines Lebens. Mit allen Höhen und Tiefen.

Manchmal wenn ich abends zu Bett gehe, an seinem Zimmer vorbeikomme und ihm noch einmal über den Kopf streiche, dann denke ich immer noch: „Meine Güte, du hast das tatsächlich gemacht! Du hast ein fremdes Kind aufgenommen!"

Es gibt auch nach acht Jahren immer noch Situationen, in denen sich das beinahe unwirklich anfühlt. Andererseits ist er mir mittlerweile so vertraut und gehört so sehr zu uns, dass ich mir ein Leben ohne ihn gar nicht mehr vorstellen kann.

Die Zeit VOR Daniel ist schon so lange her ...

EIN PFLEGEKIND? – WIE ALLES BEGANN.

„Köln sucht Pflegefamilien!"

Auf diesen Satz wurde ich das erste Mal im Jahr 2008 aufmerksam. Der Aufruf stand auf einem Plakat an einer Litfaßsäule. Ein großes Foto von einem kleinen Jungen mit traurigem, verlorenem Blick, einer Träne im Augenwinkel und einem verlotterten Teddy unter dem Arm. Herzerweichend.
Das Plakat berührte mich, und ich begann, über das Thema Pflegekind nachzudenken, mich darüber zu informieren.

Ein Pflegekind wird vorübergehend oder auf Dauer von einer volljährigen Person – am besten natürlich von einem Paar – aufgenommen und betreut. Es gibt je nach Situation Ergänzungspflege, Bereitschaftspflege, Dauerpflege und Vollzeitpflege. Mit dem Erreichen der Volljährigkeit verlassen die meisten Pflegekinder ihre Pflegefamilie.
  Während der Pflegschaft erhalten die Pflegeeltern Pflegegeld für den Sachaufwand, die Pflege und die Erziehung des Pflegekindes. Dieses Geld ist ausschließlich für das Pflegekind vorgesehen. Die Höhe des Pflegegeldes richtet sich nach dem Alter des Kindes und ist nicht bundeseinheitlich geregelt.
  Die Arbeit der Pflegeeltern ist ehrenamtlich, sie erhalten kein Geld für ihre Tätigkeit.
  Die Alternative zur Pflegefamilie ist die Unterbringung in einem Kinderheim oder in einer betreuten Kinder- und Jugendwohngruppe. Ein Platz in einer solchen Einrichtung kostet durchschnittlich 3.500 bis 4.500 Euro im Monat.

Fragt sich, wo ein Kind besser aufgehoben ist.

Zumeist geschieht die Vermittlung eines Pflegekindes durch das Jugendamt. Und fast immer geht der Vermittlung eine Inobhutnahme des Kindes voraus. Das bedeutet eine vorläufige Aufnahme und Unterbringung eines Kindes oder Jugendlichen in einer Notsituation durch das Jugendamt. Zur Inobhutnahme kommt es in äußerst prekären Familiensituationen. Das kann häusliche Gewalt, Vernachlässigung oder auch ein Verdacht auf sexuellen Missbrauch sein. In den Medien liest man immer wieder über derartige Missstände und Gräueltaten.

Mir dreht sich der Magen um und das Herz schmerzt, wenn ich darüber nur nachdenke. Ich hatte schon immer den Wunsch, Kindern in solchen Situationen helfen zu können. Diesem Bedürfnis nachzukommen und es nun wirklich in die Tat umzusetzen, setzte sich mehr und mehr in meinen Gedanken fest.

Meine eigenen fünf Kinder waren, wie man so sagt, „aus dem Gröbsten heraus". In unserem Haus war aber noch alles vorhanden, was ein Kinderleben schön machen kann. Fahrrad, Sandkiste, Schaukel, Trampolin und jede Menge Spielzeug. Platz gab es reichlich. Dazu einen Garten. Und das alles direkt am Waldrand gelegen. Kindergarten und Schulen waren in bequemer Nähe, und in der Nachbarschaft lebten viele Familien mit Kindern aller Altersklassen.

Also eigentlich eine perfekte Situation, um ein Kind aufzunehmen.

Der Aufruf der Kölner Behörden nach Pflegefamilien begegnete mir nun – einmal darauf aufmerksam geworden – immer wieder.

Als Flyer. Auf Plakaten. In Zeitungen.

Ich recherchierte im Internet, um noch mehr Informationen zu bekommen.

An wen muss man sich wenden?

Welche Bedingungen muss man erfüllen?

Vielleicht würde es für jemanden wie mich schwierig sein, ein Pflegekind aufzunehmen – alleinerziehend mit fünf eigenen Kindern.

Aber wenn dringend Pflegeplätze gesucht werden?

Ich verfügte über genug Erfahrung im Umgang mit Kindern. Das müsste doch von Nutzen sein?!

Was würden meine eigenen Kinder zu einem fremden Kind in unserer Familie sagen? Als Scheidungskinder in einer sowieso nicht ganz einfachen familiären Situation würden sie vermutlich nicht gerade begeistert von meinen Plänen sein.

Mit meinem ältesten Sohn David sprach ich als erstes über diese Idee. Er war damals 21 Jahre alt und studierte Jura. David wohnte in einer kleinen Wohnung in der Nähe seiner Uni. Durch eine langjährige, schwere chronische Erkrankung hatte er sehr viel Empathie für andere und war für karitative Tätigkeiten immer sofort zu begeistern. Von dem Gedanken, einem bedürftigen Kind eine Chance zu geben, war er sofort angetan. So hatte ich immerhin schon einen Fürsprecher.

Meine 19-jährige Tochter Sarah sah das ein wenig anders. Mitten in den Vorbereitungen zum Abitur stehend, fand sie die Idee völlig abwegig und absurd. Als Scheidungskinder und mit einem kranken Bruder, so fand sie, gebe es bei uns durchaus genug Probleme. Das war ihre eindeutige Meinung zu dem Thema und sie verteidigte sie hartnäckig. Wir diskutierten und debattierten. Leider muss ich zugeben, dass sie nicht ganz unrecht hatte.

Die nächstjüngere Tochter Anna war damals 16 Jahre alt. Auch sie nahm meine Idee nicht gerade begeistert auf. Trotzdem hoffte ich – langfristig – auf ihr Mitgefühl und ihre Zustimmung. Sie arbeitete damals schon ehrenamtlich bei einem Hilfsprojekt für Afrika mit und wollte nach dem Abitur Medizin studieren, um Kinderärztin zu werden. Ich hoffte insgeheim, dass sie im Laufe der Zeit für mein soziales Projekt Pflegekind Verständnis entwickeln würde.

Meine beiden jüngsten Söhne Paul und Simon waren elf und 13 Jahre alt. Als ich ihnen von meinem Gedanken erzählte, waren sie eher irritiert. Heute glaube ich, dass sie sich einfach gar nicht vorstellen konnten, dass ich so etwas tatsächlich in die Tat umsetzen würde. Eigentlich mehr als verständlich. Ein fremdes Kind in die eigene Familie aufnehmen? Vollkommen abwegig.

Auch meine Mutter – mein Vater lebte seit einigen Jahren nicht mehr – reagierte verständnislos. Sie versuchte mit allen Mitteln, mir mein Vorhaben auszureden.

„Du hast doch nun wirklich genug zu tun. Und wer weiß, was für Schwierigkeiten du dir da ins Haus holst."

So oder ähnlich lautete ihre Argumentation jedes Mal, wenn wir über das Thema sprachen.

Im Kreis meiner Freunde und Verwandten wollte ich das Thema erst gar nicht zur Sprache bringen. Ich war mir sicher, man würde mich für verrückt erklären. Alleinerziehend mit fünf Kindern, eins davon schwerkrank.

Ich mochte mich mit niemandem auf eine Diskussion einlassen.

Denn: Ich wollte mich von meinem Projekt nicht abbringen lassen.

Einige Monate vergingen, aber der Gedanke, ein Kind aufzunehmen, ließ mich einfach nicht mehr los.

Dann wurde die gesundheitliche Situation meines ältesten Sohns David plötzlich wieder sehr bedrohlich. Er war wochenlang im Krankenhaus und kämpfte ums Überleben. In meiner Verzweiflung, meiner Sorge und Trauer schwor ich mir, dass ich wirklich ein Kind aufnehmen würde, wenn er diese lebensbedrohende Situation überleben würde. Ich legte gewissermaßen einen Eid, ein Gelübde ab.

Es folgte eine lange Zeit voller Bangen und Hoffen.

Nach Monaten konnte er tatsächlich das Krankenhaus wieder verlassen. Wir waren alle unendlich erleichtert, unendlich dankbar!

Und unendlich erschöpft.

Nach einer sehr langen Phase der Genesung und der Regeneration – als das Leben wieder halbwegs normal wurde –, besann ich mich auf meinen persönlichen Schwur an Davids Krankenbett.

Ich schrieb voller Motivation einen Brief mit der Bitte um Informationen an das zuständige Jugendamt und erhielt nach einer angemessenen Wartezeit: Nichts.

Keine Antwort. Keine Mail. Nichts!
In der Vermutung, dass meine Post verlorengegangen sei, schrieb ich ein weiteres Mal. Wieder kam keine Antwort. Daraufhin rief ich bei der zuständigen Behörde an und landete erst in der telefonischen Warteschleife. Dann beim Anrufbeantworter. Ich sprach mein Anliegen auf das Band. In den folgenden Tagen bekam ich: keine Antwort. Mehrere Wochen vergingen. Verstehen konnte ich das nicht.

Köln suchte doch Pflegefamilien?!

***

Bei einer Konsultation unseres Kinderarztes fiel mir im Wartezimmer der Flyer einer Kinderhilfsorganisation in die Hände. Darauf der gleiche Text wie damals auf dem Litfaßsäulenplakat: „Köln sucht Pflegefamilien!" – mit dem Zusatz „Dringend!".

In dieser Broschüre wurde das Thema Pflegekinder ausführlich erklärt und es gab Kontaktdaten. Endlich eine neue Informationsquelle, die mich weiterbringen würde!

Ich rief die dort angegebene Nummer an und sprach auf einen Anrufbeantworter. Einige Tage später wurde ich auch tatsächlich zurückgerufen. Eine Mitarbeiterin hörte sich mein Anliegen an und versprach, mir in den nächsten Tagen entsprechendes Informationsmaterial zuzusenden.

Ich hatte die – wohl etwas naive – Vorstellung, dass die Kölner Jugendämter nur auf mich gewartet hätten. Der Aufruf auf den Plakaten „Köln sucht Pflegeeltern" klang für mich so, als wenn SOFORT Hilfe gebraucht würde.

Ich war mir sicher, schon zu Weihnachten ein Pflegekind im Haus zu haben.

Das war im September 2008.

Voller Enthusiasmus machte ich insgeheim bereits große Pläne. In Gedanken organisierte ich bereits alles rund um das Leben mit einem – unserem – Pflegekind.

Grundsätzlich sollte das überhaupt kein Problem sein. Schließlich besaß ich einen großen Erfahrungsschatz durch das Familienleben mit meinen eigenen fünf Kindern. Und zusätzlich hatte ich sehr häufig Gastschüler oder Austauschschüler bei uns aufgenommen.

Das versprochene Informationsmaterial wurde mir tatsächlich recht schnell zugeschickt. Es waren dicke Broschüren mit Erfahrungsberichten von ehemaligen Pflegekindern, von Pflegeeltern, von Lehrern, Psychologen und leiblichen Eltern.

Ich las die Unterlagen mit großem Interesse durch und mir wurde relativ schnell klar, dass man doch nicht ganz so einfach zu einem Pflegekind kommt. Und beim Lesen wurde mir auch deutlich, dass es wohl doch nicht ganz so einfach ist, mit einem Pflegekind zu leben.

Ein Dach über dem Kopf, essen, trinken, warme Kleidung, Spielzeug, liebhaben – und dann wird schon alles gut werden.

So oder ähnlich hatte ich mir das gedacht. Aber so simpel schien es nicht zu sein.

Heute weiß ich: Ist es auch nicht!

Ich meldete mich also zu einem „Seminar für potenzielle Pflegeeltern" bei der Kinderschutzorganisation an. Es kam mir ein wenig grotesk vor, mich als Pflegemutter ausbilden lassen. Ich war doch nun wirklich eine erfahrene Mutter! Aber das Absolvieren dieses Kurses war die allererste Grundvoraussetzung, um überhaupt ein fremdes Kind aufnehmen zu können.

Irgendwie auch logisch. Sicherlich gab es so viel zu beachten und zu bedenken, von dem ich gar keine Vorstellung hatte.

Für mehrere Wochen besuchte ich nun abends diese „Fortbildung" zur Pflegemutter. Jeden Mittwoch fuhr ich um 18 Uhr eine Stunde bis ans andere Ende der Stadt. Dort befand sich die Pflegeelternschule. Drei Stunden saß ich dann in den nüchternen Seminarräumen und fuhr anschließend wieder eine Stunde zurück. Meist war ich erst gegen Mitternacht wieder zu Hause.

Die Teilnahme an dem Kurs war sehr interessant.

Und informativ.

Ich bekam viele neue Einblicke in die Situation von Kindern in Not und von Pflegefamilien. Aber es war auch sehr ernüchternd für mich. Ich war doch relativ unbedarft an das Projekt herangegangen. Allein über die juristische Situation hatte ich überhaupt noch nicht nachgedacht.

Auch die Tatsache, dass Kinder, die eine Pflegefamilie brauchen, zumeist schwer traumatisiert sind, war mir bis dahin überhaupt nicht bewusst.

Wir Kursteilnehmer hatten die Möglichkeit, mit erfahrenen Pflegeeltern, mit betroffenen Eltern, mit Psychologen, mit Sozialarbeitern, mit Sonderpädagogen und mit ehemaligen Pflegekindern zu sprechen. Es gab Vorträge und Interviews. Und es gab auch Rollenspiele, um uns die unterschiedlichsten Situationen zu verdeutlichen.

Ein Rollenspiel ist mir besonders in Erinnerung geblieben: Einer von uns Teilnehmern übernahm die Rolle des fiktiven Pflegekindes und stand in der Mitte des Raums. Dann sollten wir anderen uns als Bezugspersonen rund um dieses Pflegekind aufstellen. Wir sollten Menschen und Institutionen im Leben des Pflegekindes darstellen: Eltern, Geschwister, Lehrer, Freunde, Wohnung, Schule und so weiter.

Der Dozent spannte jeweils einen roten Faden zwischen dem Pflegekind und den diversen, von uns dargestellten sozialen Anhaltspunkten. So hatte das Pflegekind dann also viele rote Fäden in der Hand, die seine Kontakte in seinem Umfeld darstellen sollten. Nun durchtrennte der Dozent mit einem einzigen Schnitt alle roten Fäden in der Hand des Kindes. Damit sollte uns deutlich werden, was für ein unglaublich schmerzhafter Einbruch es für ein Kind ist, durch widrige Umstände aus seiner Familie, seinem Alltag herausgenommen zu werden.

Welche Leere es verspürt.

Wie hilflos es ist.

Und wie einsam es ist.

Alle Verbindungen aus dem Leben des Kindes sind unterbrochen.

Doch es ging noch weiter.

Der Dozent bat uns alle, die wir im Rollenspiel als Bezugspersonen fungierten, dass wir andere Positionen einnehmen sollten, und knotete anschließend alle Fäden mit denen des Kindes wieder zusammen. Das stellte jetzt die neue Situation des Kindes in einer Pflegefamilie dar, mit allen neuen sozialen Bindungen und Institutionen.

Allerdings nun mit einem Knoten – mit einer Narbe.

Dann schnitt der Dozent erneut alle Fäden durch. Damit wollte er uns zeigen, welch große Verantwortung Pflegeeltern tragen, dass das Kind nicht noch einmal so einen schweren Verlust wie zuvor erleiden muss.

Ich fand das sehr beeindruckend und ergreifend.

Wir hörten im Kurs von Kindern, die nicht schlafen konnten.

Die nachts einnässten.

Die klauten.

Die von zu Hause wegliefen.

Die nicht sprachen.

Die aggressiv waren.

Die nicht aßen.

Oder ausschließlich aßen.

Oder das Essen horteten.

Kinder, die durch das, was ihnen in ihrem kurzen Leben schon angetan wurde, zutiefst verwundet sind. Kinder, die in ihrem sozialen Verhalten und Umgang mit anderen Menschen verhaltensauffällig sind.

Teilweise irreparabel.

Essen, Trinken, Kleidung, ein Dach über dem Kopf und liebevoll umsorgt werden ist natürlich die Grundvoraussetzung für ein behütetes Leben eines Kindes. Aber die meisten dieser Kinder brauchen darüber hinaus nervenstarke Pflegeeltern oder Betreuer mit ganz viel Zeit und ganz viel Kraft. Und zusätzlich unbedingt eine professionelle psychologische Betreuung.

Über Jahre.

Eventuell ein Leben lang.

Die Rückfallquote der Kinder nach dem 18. Lebensjahr beträgt über

80 Prozent. Häufig kehren sie dann in ihre eigentliche Familie zurück, weil sie volljährig sind – und alles beginnt wieder von vorn.

Nächste Generation.

Es kann durchaus passieren, dass Pflegeeltern aufgeben und das Kind zurückgeben. Sie fühlen sich überfordert und schaffen es einfach nicht, dass Kind weiter zu betreuen.

Intakte Familien, die eigentlich etwas Wohltätiges leisten wollten, können daran zerbrechen.

Obwohl sich der Vergleich verbietet, es ist beinahe eine Situation wie im Tierheim. Da werden Hunde auch zurückgegeben, weil man mit ihnen nicht klarkommt.

Umgekehrt muss man als Pflegeeltern davon ausgehen, dass einem das Kind auch jederzeit wieder weggenommen werden kann. Das kann aus den verschiedensten Gründen geschehen. Zum Beispiel, weil sich die Situation in der Ursprungsfamilie verbessert hat. Oder weil die leiblichen Eltern das Sorgerecht – unter Umständen sogar durch Klage – wiedererlangt haben. Oder weil die Pflegeeltern nicht im Sinne des Jugendamts agieren. Oder weil der Kontakt zwischen den Pflegeeltern, den Eltern und den Mitarbeitern der Behörde nicht funktioniert. Es gibt eine Vielzahl von Gründen, warum die Pflegschaft beendet werden kann.

In meinem Kurs waren Paare mit den unterschiedlichsten Beweggründen, ein Kind aufzunehmen. Auffallend war die hohe Anzahl von Paaren mit unerfülltem Kinderwunsch.

Die Anzahl an Kindern, die zur Adoption freigegeben werden, sinkt mehr und mehr. Und die Anforderungen und Auflagen an die potenziellen Adoptiveltern sind sehr hoch. Adoptionsverfahren im Ausland sind teuer und ebenfalls sehr aufwendig.

Da liegt dann die Aufnahme eines Pflegekindes nahe.

Es ist allerdings mit hohem Risiko verbunden, ein Pflegekind aufzunehmen, wenn man keinerlei Erfahrung mit Kindern hat. Die meisten Pflegekinder haben nun einmal schlimmste Erfahrungen gemacht.

Allein die Trennung von den leiblichen Eltern – warum auch immer – ist ja für sich genommen schon ein traumatisches Erlebnis. Die Folgen davon sind eben fast immer verhaltensauffällige oder verhaltensgestörte Kinder.

    Damit muss man umgehen können. Und das muss man auch aushalten können.
    Täglich.
    Woche für Woche.
    Jahr für Jahr.
    Eine Auszeit oder Urlaub gibt es nicht.

Was mir in all den Jahren - von dem Gedanken ein Pflegekind aufzunehmen, bis zum heutigen Zeitpunkt - aufgefallen ist: es sind immer eher Menschen aus der unteren Mittelschicht, die sich bei sozialen Projekten (wie der Aufnahme von Pflegekindern) aktiv hervortun. Niemals waren Menschen aus „finanziell gehobenen Verhältnissen" oder Menschen mit „einem hohen Bildungsniveau" dabei.

Nachdem ich den Kurs abgeschlossen hatte, war der nächste Schritt, den Kontakt zum Jugendamt wiederaufzunehmen. Genauer gesagt zum Pflegekinderdienst.
    Der Pflegekinderdienst berät und begleitet Pflegeeltern und -kinder in allen Belangen und Anliegen des alltäglichen Lebens. Er wird vom Allgemeinen Sozialen Dienst (kurz ASD) beauftragt, wenn Kinder in Not sind. Der Allgemeine Soziale Dienst wiederum untersteht stets dem Jugendamt, soweit er Aufgaben der Jugendhilfe übernimmt. Das alles kann aber von Bundesland zu Bundesland unterschiedlich sein. Auch die Bezeichnungen der Ämter können anders sein.
    Beim Pflegekinderdienst musste ich wieder auf den Anrufbeantworter sprechen. Scheinbar war es nicht möglich, in dieser Behörde tatsächlich einmal jemanden direkt am Telefon zu erreichen. Sicherheitshalber sendete ich deshalb auch gleich noch eine E-Mail an das Jugendamt. Ich wollte mein Pflegekind-Projekt nun endlich weiterbringen. Mein Versprechen endlich in die Tat umsetzen.

Einige Tage später erhielt ich dann schließlich einen Rückruf. Allerdings hatte ich nicht den Eindruck, dass man sehr erfreut über mein Interesse an einem Pflegekind war.

Mir wurde mir sehr eindringlich erklärt, dass ich nun eine Vielzahl an Fragebögen auszufüllen hätte und diverse Nachweise bringen müsse. Wenn das alles eingegangen und bearbeitet sei, würde man sich wieder bei mir melden.

Anschließend würde ich einen Termin zur Begutachtung meines Hauses und meiner Familie erhalten. Wenn das alles den Vorgaben entspräche, bekäme ich einen Termin für ein zweistündiges Interview. Und wenn ich mich nach diesem Prozedere als kompetent erwiesen hätte, würde man meine Anfrage an alle Jugendämter beziehungsweise an alle Pflegekinderdienste der Stadt weiterleiten. Dort würde man ein geeignetes Pflegekind aussuchen, dass zu unserer Familie passen würde.

Wieder schlich sich der gedankliche Vergleich mit dem Tierheim ein.

Ich war enttäuscht, dass das alles so lange dauern sollte.

Und vor allem, dass das alles so kompliziert war.

Richtig verstehen konnte ich das nicht.

Köln suchte doch Pflegefamilien?!

Die Vorstellung, dass genau jetzt, während dieser aufwendigen, langwierigen Bearbeitungszeit vermutlich irgendwo ein Kind geschlagen, missbraucht oder verhungern würde – während bei mir alles nur so auf dieses Kind wartete – das konnte ich nur schwer ertragen. Ich hatte doch wirklich alle Möglichkeiten, einem Kind ein liebevolles und kompetentes Zuhause zu bieten.

Jetzt. Sofort.

Andererseits war mir durch den Vorbereitungskurs klargeworden, dass man zukünftige Pflegeeltern tatsächlich sorgfältig prüfen muss. Eben, damit einem Kind nicht erneutes Leid oder ein erneuter Verlust zugefügt wird.

Ich füllte die zugeschickten Unterlagen sorgfältig aus. Es waren wirklich sehr viele. Dann besorgte ich alle erforderlichen Nachweise und schickte alles voller Hoffnung zurück.

Mittlerweile war es März 2009.

Und wieder passierte mehrere Wochen nichts.
Mehrfach rief ich beim Pflegekinderdienst an.
Beim Jugendamt.
Auch bei der Kinderhilfsorganisation rief ich an.
Ich sprach auf die diversen Anrufbeantworter und schickte unzählige E-Mails.
Es war frustrierend und für mich nicht nachvollziehbar.
Ich konnte es einfach nicht verstehen.

Köln suchte doch Pflegefamilien?!

* * *

Endlich rief mich eine Mitarbeiterin vom Pflegekinderdienst an. Frau Breuer-Höttges. Sie vereinbarte mit mir einen Termin zu einem Hausbesuch und anschließend einen weiteren für das erforderliche Interview. Zwei Wochen später, zum vereinbarten Zeitpunkt, kam Frau Breuer-Höttges zur „Inspektion" unseres Hauses und unserer Familie.

Eine Inspektion war es im wahrsten Sinne des Wortes. Es gab keinerlei Diskretion und wenig Respekt vor unserer Privatsphäre. Vom Keller bis zum Dachboden wurde alles begutachtet. Gerade einmal der Inhalt der Kleiderschränke und der Schreibtische blieb verschont.

Ich fand das wirklich nicht schön, aber wenn es so sein musste …

Unser Haus und unser Garten waren durch meine eigene große Kinderschar vollkommen kindgerecht. Es gab ein freies, mit allem Erforderlichen eingerichtetes Kinderzimmer. Jede Menge Spielzeug, Kinderbücher, Roller, Fahrrad, Trampolin und Schaukel. Und einen großen, lieben, den Umgang mit Kindern gewöhnten Hund.

Frau Breuer-Höttges wollte natürlich auch meine noch bei mir lebenden Kinder kennenlernen. Die drei Älteren waren mittlerweile im Studium und wohnten am Studienort. Dieses Kennenlernen sorgte mich ein wenig. Denn so richtig positiv sahen meine Kinder der Aufnahme eines Pflegekindes nicht entgegen.

Verständlicherweise waren sie deshalb sehr skeptisch.

Sie beantworteten die Fragen von Frau Breuer-Höttges eher verhalten und zögerlich, beinahe unwillig. Frau Breuer-Höttges war durch ihren Beruf den Umgang mit schwierigen Kindern gewöhnt und schien nicht sonderlich erstaunt, dass da keine große Begeisterung zu bemerken war. Gott sei Dank!

Vielleicht dachte sie ja auch, meine beiden Jungs seien einfach nur schüchtern. Ich war sehr froh, dass sich keiner von den beiden laut und deutlich gegen die Aufnahme eines fremden Kindes aussprach. Das hätte der tatsächlichen Wahrheit eher entsprochen.

Somit war dann auch diese Etappe auf dem langen Weg zum Pflegekind genommen. Nun fehlte nur noch das erforderliche persönliche Interview. Darüber machte ich mir keine großen Gedanken. Ich empfand mich als souverän und gelassen im Zusammensein mit Kindern und würde einem Pflegekind alles individuell Erforderliche bieten können.

Die einzige Befürchtung, die ich hatte, war meine Lebenssituation als alleinstehende, alleinerziehende Frau und Mutter von einem schwer erkrankten Kind. Früher wurden ausschließlich verheiratete Paare zu Adoptionen und Pflegschaften zugelassen. Würde das meine „Zulassung" als Pflegemutter beeinträchtigen? Es blieb abzuwarten.

Zwei Wochen später wurde ich bei meinem nächsten Termin im Jugendamt interviewt. Zweieinhalb Stunden lang.

Begutachtet. Geprüft. Getestet.

Ich war nervös.

Natürlich wurde ich gefragt, warum ich ein Pflegekind aufnehmen wollte. Ich hätte doch schließlich schon fünf eigene Kinder. Ich antwortete so, wie ich Freunden und Verwandten bisher auch schon geantwortet hatte.

Dass ich einem Kind helfen und außerdem einen sozialen Beitrag leisten wolle. Und dass ich die räumlichen Möglichkeiten und die erzieherischen Fähigkeiten hätte, einem weiteren Kind ein gutes Zuhause zu geben.

Ob ich damit zurechtkäme, wenn das Pflegekind unser ganzes Leben umkrempeln würde?

Ob ich damit zurechtkäme, wenn das Pflegekind uns plötzlich wieder verlassen würde, weil es wieder in seine Familie zurückkehren könnte?

Ob ich damit zurechtkäme, wenn das Pflegekind stehlen würde?

Bettnässen?

Weglaufen?

Aggressiv wäre?

Ich antwortete aus tiefster Überzeugung, dass ich damit umgehen könne.

Schließlich hatte ich mich ja schon mit meinen eigenen Kindern verwirklicht und würde solche Situationen mit einem fremden Kind mit der entsprechenden Distanz handhaben können.

Dachte ich.

Diese Distanz zu haben, obwohl einem das Pflegekind irgendwann ans Herz wachsen würde, würde das wirklich möglich sein?

Wäre ich wirklich so gelassen, wenn es uns - warum auch immer - nach ein paar Jahren wieder verlassen müsste?

Ich blendete diese Gedanken erst einmal aus. Das würde sich alles finden, wenn es dann so weit wäre.

Teilweise waren die Interviewfragen sehr persönlich. Ja, beinahe indiskret. Ich erinnere mich sogar an Fragen über die Ehe meiner Großeltern.

Nach Informationen über die Partnerschaft meiner Eltern.

Meiner eigenen Kindheit.

Da ich seit der Trennung vom Vater meiner Kinder alleinerziehend war - und ob der zukünftigen Verantwortung für ein fremdes Kind - versuchte ich Verständnis für all diese Fragen aufzubringen. Dennoch - ich fühlte mich irgendwie bloßgestellt.

Ich sollte einer völlig fremden Beamtin Fragen aus dem absolut intimsten Privatleben beantworten.

Warum haben Sie nie geheiratet?
Was ist mit Ihrem Freund?
Warum wohnen Sie nicht zusammen?
Was ist mit Drogen?
Alkohol?
Sekten?
Gehen Sie regelmäßig in die Kirche?
Haben Sie irgendwelche Straftaten begangen? (Sie hatte doch mein erweitertes Führungszeugnis?!)

Es war ungefähr so, als würde man in die Vereinigten Staaten einwandern wollen.

Aber das war mir die Sache wert. Ich hatte nichts zu verbergen und war ganz ehrlich. Eventuelle Unwahrheiten würden früher oder später ja doch aufgeklärt werden.

Nachdem auch dieses unangenehme Interview bewältigt war, konnte der Vermittlung eines Pflegekindes wohl nichts mehr im Wege stehen. Dachte ich.

Wochenlang gab es keine Informationen über den weiteren Stand der Dinge.

Keine Anrufe.

Keine E-Mails.

Ich wurde immer ungeduldiger. Dieses unendlich lange Warten hatte auch Auswirkungen auf meine gesamte Lebensplanung. Egal ob es um einen eventuellen Umzug, eine berufliche Veränderung, ja, selbst nur um eine Urlaubsplanung ging. Es war ja schon wichtig, zu wissen, ob dies mit einem weiteren Kind oder ohne dieses stattfinden würde.

Schließlich rief ich bei Frau Breuer-Höttges an, da ich dachte, es würde vielleicht noch irgendetwas an Unterlagen fehlen.

Der Anrufbeantworter!

Ich sprach meine Bitte um Rückruf darauf.

Irgendwann machte ich mir auch Sorgen, ob ich vielleicht bei dem Interview etwas Falsches gesagt hatte. Oder ob meine Lebensumstände als alleinerziehende Mutter vielleicht doch hinderlich waren. Aber warum rief sie mich dann nicht wenigstens an, um mir abzusagen?

Dem allem stand doch entgegen, dass Köln Pflegefamilien suchte?!

Da ich auf dem normalen Dienstweg offensichtlich nicht weiterkam, entschloss ich mich nach einigen Wochen, die Vorgesetzte von Frau Breuer-Höttges anzuschreiben. Die Abteilungsleiterin des Bereichs Pflegekinderdienst beim Jugendamt unseres Stadtbezirks. Ich beschrieb ihr meinen langen, mühsamen Weg, um ein Pflegekind aufzunehmen. Meine vielen Telefonate und Schreiben, die immer unbeantwortet geblieben waren.

Köln suche doch Pflegefamilien?!

Oder etwa nicht mehr?

Einige Tage später erhielt ich tatsächlich eine Antwort. In dieser E-Mail wurde ich aber nur einmal mehr vertröstet. Die Mitarbeiter des Jugendamts seien völlig überlastet, man würde meinen Antrag aber ganz sicher zeitnah bearbeiten.

Urlaub. Mutterschutz. Krankheit. Unterbesetzt. Burn-out. Kur.

Fairerweise muss erwähnt werden, dass die Jugendämter in der Tat vollkommen überlastet sind. Personalmangel und schlechte Arbeitsbedingungen führen langfristig tatsächlich zum Burn-out. Ein Angestellter hat bis zu 100 Fälle zu betreuen. Sinnvoll und tatsächlich zu bewältigen sind im optimalen Fall 35 Fälle pro Mitarbeiter. In der Regel können die Beschäftigten kaum eine Stunde bei den betreuten Familien verbringen. Zwei Drittel der Arbeitszeit geht für Falldokumentationen drauf. Da kann schon mal etwas Wesentliches übersehen werden. Oder auch etwas überbewertet werden. Der umgekehrte Fall ist, dass Kinder aus ihrer Familie genommen werden, obwohl die konkrete Gefährdung eigentlich gar nicht eindeutig ist. Auch das ist ein Trauma für die betroffenen Kinder und Eltern. Eine stressbedingte Überreaktion, damit es nur ja nicht zu einem Skandal kommt.

Ich wartete wieder einige Wochen.

Meine eigenen Kinder glaubten vermutlich allmählich, ich hätte die Idee mit dem Pflegekind aufgegeben. Weil einfach nichts passierte.

Und ich glaube, sie waren erleichtert. Vorsichtshalber sprachen sie das Thema auch lieber gar nicht erst wieder an.

Und ich auch nicht.

Mittlerweile waren tatsächlich zwei Jahre vergangen. Vor zwei Jahren hatte ich mich das erste Mal mit dem Gedanken auseinandergesetzt, ein Kind aufzunehmen. So viel Zeit war nun schon ungenutzt verstrichen.

In dieser Zeit gab es mehrere schreckliche Zwischenfälle in den sozialen Brennpunktgebieten Kölns. Ein Mädchen verhungerte bei den leiblichen Eltern. Ein Junge starb an den Folgen von Verletzungen, die ihm seine Eltern zugefügt hatten. Ein Säugling wurde im neunten Stockwerk aus dem Fenster geworfen.

Alles Familien, die dem zuständigen Jugendamt wohlbekannt waren.

Und trotzdem konnte so etwas passieren.

Vernachlässigung. Verwahrlosung. Körperliche Gewalt. Sexueller Missbrauch.

Wieso?!

Und ich ... Ich hatte einen Platz für ein Kind im Haus und im Herzen zu vergeben und mir wurde einfach kein Kind zugewiesen.

Das – und die Tatsache, dass mich die ganze Vorarbeit viel Zeit gekostet hatte –, machte mich allmählich sehr ungehalten. Die Teilnahme an den Seminarabenden, der Hausbesuch, das Interview beim Jugendamt, das Durcharbeiten der vielen Anträge und die Beschaffung der diversen dringend erforderlichen Nachweise. Das Warten. Das alles hatte Geld und Zeit gekostet. Die gesamte Planung unseres privaten Lebens war davon betroffen.

Kommt ein Pflegekind?

Kommt kein Pflegekind?

Alles umsonst?

Vermutlich war ich mittlerweile nur eine Aktenleiche und mein Antrag lag irgendwo in der untersten Schreibtischschublade und verstaubte.

Seit mehr als zwei Jahren wurde ich immerzu hingehalten und vertröstet.

Vergessen?

Köln suchte doch Pflegefamilien?!

✳ ✳ ✳

Mittlerweile war es September 2010.

Meine ganze Ausbildung und die Bearbeitung meiner Anträge hatten nicht nur mich, sondern auch die Behörden viel Zeit und eine große Summe Geld gekostet. Geld, das letztlich vom Steuerzahler gezahlt wird.

Dies ließ mich ernsthaft darüber nachdenken, mit dem Sachverhalt an die Presse heranzutreten. Die Vorfälle von Kindesmissbrauch in Köln in den letzten Monaten auf der einen Seite und meine Position als potenzielle Pflegemutter in der endlosen Warteschleife der Behörden auf der anderen Seite – das waren doch Fakten für die Öffentlichkeit!

Die Idee verwarf ich aber schließlich doch wieder. Ich hatte Sorge, dass ich die Jugendämter auf diese Weise gegen mich aufbringen würde und es dann gar nicht mehr zu einer Vermittlung eines Kindes an mich kommen würde.

Also blieb ich weiterhin ungeduldig, aber defensiv.

In regelmäßigen Abständen rief ich beim Pflegekinderdienst an, um mich in Erinnerung zu bringen.

Im April 2011 rief mich dann tatsächlich Frau Breuer-Höttges an, um mir von einem fünfjährigen Mädchen zu berichten, dass in eine Familie vermittelt werden sollte.

Die Mutter habe einen neuen Mann kennengelernt und ein weiteres Kind bekommen. Das kleine Mädchen war gewissermaßen überflüssig geworden. Nun kümmere sich niemand mehr richtig um sie. Verwahrlosung. Ich war entsetzt. Auch aus solchen Gründen werden Kinder aus ihren ursprünglichen Familien genommen. Zu ihrem Schutz.

Wir machten einen zeitnahen Termin mit dem zuständigen Jugendamt aus, um den Fall zu besprechen. Dort bekam ich Fotos von der kleinen Aisha zu sehen. Wir sprachen mit den zuständigen Beamten zwei Stunden lang über die Begleitumstände im Leben der Kleinen und auch über mich als eventuelle Pflegemutter. Die Mitarbeiter wollten sich dann später untereinander beraten und mich in den nächsten Tagen wieder kontaktieren.

Als ich die ganze Geschichte von Aisha hörte, hätte ich sie am liebsten gleich mitgenommen. Doch erst nach der Beratung des Kollegiums sollte ich Aisha kennenlernen. Spontan konnte ich mir durchaus vorstellen, dieses Mädchen bei uns aufzunehmen. Ein Funke von Sympathie war bei mir allein schon durch die Fotos aufgekommen. Sie sah sehr niedlich aus. Dunkle Augen. Dicke Zöpfe. Ein strahlendes Lächeln. Trotz der schwierigen Lebenssituation, in der sie steckte.

Es ist sehr wichtig, dass einem das fremde Kind sympathisch ist. Der Funke muss irgendwie überspringen. Man muss diesen fremden kleinen Menschen ja wirklich vorbehaltlos in den Arm nehmen können!

Nach diesem ersten Treffen mit den Sachbearbeitern kamen bei mir aber dann doch plötzlich große Zweifel auf. Ich war hin- und hergerissen. Diese große Verantwortung. Meine eigenen Kinder. Hoffentlich würden sie die Kleine tatsächlich akzeptieren. Mein jüngster Sohn war zu dem Zeitpunkt 14 Jahre alt. Am Anfang der Pubertät. Der Altersunterschied wäre vielleicht gar nicht so schlecht. Auch der Unterschied der Geschlechter.

Ich fing an, konkrete Pläne zu machen und mich auf Aisha vorzubereiten. Sprach mit meinen Kindern darüber. Ihre Reaktion war eher verhalten.

Und ich begann, mich auf das neue Familienmitglied zu freuen.

Leider bekam ich in den nächsten Wochen keine Nachricht von den Betreuern des Kindes. Mehrmals versuchte ich Frau Breuer-Höttges zu erreichen. Ich sprach aufs Band. Irgendwann rief sie zurück und versprach mir, ihre Kollegen in dem anderen Stadtteil zu kontaktieren.

Vier Wochen später erhielt ich dann eine kurze, formlose E-Mail. Darin wurde mir mitgeteilt, dass die Kleine nicht in eine so große Familie vermittelt werden sollte. Aisha würde in unserer Familie vermutlich untergehen. Wir waren nicht gut genug für sie. Das war alles.

Ich war maßlos enttäuscht.

Meine Kinder überhaupt nicht.

Aber für mich war nach diesem Erlebnis noch klarer geworden, dass ich weiter auf ein Pflegekind warten würde. Dass ich in jedem Fall eines aufnehmen würde.

Alle Zweifel waren verflogen.

Temporär.

Im November rief mich Frau Breuer-Höttges dann endlich erneut an. Sie hatte eine Anfrage für ein neunjähriges Mädchen namens Alena erhalten. Das könnte vielleicht passen. Auch hier ging es darum, dass ein Kind in der Familie nicht mehr erwünscht war, weil die Mutter mit einem neuen Mann drei weitere Kinder hatte. Das will man sich nicht einmal vorstellen!

Was man mir nicht erzählte, war, dass das Mädchen psychisch vollkommen gestört war. Dass sie magersüchtig war. Dass sie mit sieben Jahren schon mehrfach wegen dieser Magersucht stationär in der Kinderklinik aufgenommen werden musste. Dass es schon damals die dringende ärztliche Empfehlung gab, das Kind aus der Familie zu nehmen und in eine Pflegefamilie zu geben. Sie durfte nicht mit ihrer Familie gemeinsam essen und musste sich ausschließlich in ihrem Zimmer aufhalten.

Das alles erfuhr ich aber erst später.

Bei einem Kennenlerntermin sitzen vier bis acht Erwachsene in einem Konferenzraum mit einem armen, verschüchterten, verstörten, verzweifelten Kind zusammen.

Der Vormund.

Die Mitarbeiterin vom Jugendamt.

Die Erzieherin.

Die Mitarbeiterin vom Pflegekinderdienst.

Die potenziellen Pflegeeltern.

Manchmal auch die leiblichen Eltern.
Und das Kind weiß genau, worum es geht. Obwohl es eigentlich nicht informiert wird.
Allein das ist schon traumatisierend.

Als ich Alena dann kennenlernte, war sie vollkommen verschlossen. Sie antwortete nur widerwillig auf meine Fragen. Nur mit einem Ja oder Nein. Sie hatte ihre Haare wie einen Vorhang vor das Gesicht gezogen. Das Kinn vorgeschoben, die Arme über der Brust verschränkt. Man konnte ihr Gesicht fast nicht sehen. Die Körpersprache war eindeutig und unmissverständlich. Abwehr! Das ganze Kind strahlte eine ungeheure Aggression und Wut aus.

Mir wurde sehr schnell klar, dass ich dieses Kind nicht in Obhut nehmen konnte. Mein eigener Sohn, nur einige Jahre älter, würde niemals mit diesem verstörten Mädchen leben können. Er wäre ihr gar nicht gewachsen. Ich glaube, sie hätte ihn vollkommen verschreckt. Wäre ich ihr gewachsen?

Es fiel mir sehr schwer, hier Schicksal zu spielen. Natürlich hätte sie es gut gehabt bei uns. Mit Sicherheit besser als in ihrem alten Zuhause. Ganz bestimmt hätten wir alle versucht, sie liebevoll aufzunehmen. Aber ob wir es tatsächlich schaffen würden, sie in unser Leben zu integrieren? Daran hatte ich zu große Zweifel. Ich hatte Angst, dass meine Familie an Alena zerbrechen würde.

Leider.

Ich erteilte dem Jugendamt einige Tage später – nach vielen Überlegungen – eine Absage. Mit schlechtem Gewissen. Aber ich war mir sicher, die richtige Entscheidung getroffen zu haben. Leider nur für uns.

Nicht für Alena.

Ich bin mir nicht darüber im Klaren, ob es mit meiner Absage zusammenhing. Aber daraufhin kamen nun eine ganze Weile gar keine neuen Vorschläge zur Übernahme eines Kindes.

Köln suchte aber doch Pflegefamilien?!

Regelmäßig rief ich bei der Behörde an, um mich in Erinnerung zu bringen. Man sagte mir, es gebe zurzeit keine passenden Kinder, die in Familien vermittelt werden sollten. Die Zeitungen berichteten aber immer wieder Gegenteiliges. Und die Plakate hingen ja auch immer noch in der ganzen Stadt.

Köln brauchte doch Pflegefamilien?!

Im Dezember, kurz vor Weihnachten wurde mir dann ein 13-jähriger Junge angeboten. Angeboten! Das klingt nicht nach sehr viel Achtung gegenüber den Kindern.

Tatsächlich ist die Situation aber wirklich ähnlich wie in einem Tierheim. Man bemüht sich zwar, diesen Eindruck beim ersten Treffen so gut wie möglich zu vermeiden. Aber die betroffenen Kinder sind nicht dumm. Sie haben sehr feine Antennen und wissen ganz genau, worum es geht. Es geht um ihre Zukunft. Es geht um einen Neustart in einem bisher schon sehr verunglückten jungen Leben.

Dieser 13-jährige Junge lebte allein mit seinem Vater. Die Mutter hatte Mann und Kind verlassen. Der Vater arbeitete im Schichtdienst und war mit der Betreuung des Kindes überfordert. Der Junge war auf sich allein gestellt. Was dazu führte, dass er nicht regelmäßig zur Schule ging und mit 13 Jahren noch nicht lesen, schreiben oder rechnen konnte. Mit schlechtem Erfolg besuchte er deshalb eine Förderschule. Man ging eigentlich davon aus, dass er durchaus noch alles erlernen könne. Vermutlich sei er in seiner Intelligenz nicht eingeschränkt. Einfach nur geistig und körperlich völlig vernachlässigt. Deshalb lebte er seit einigen Wochen in einer kinderheimähnlichen Einrichtung.

Das Wort „Kinderheim" benutzt man heute nicht mehr gern, da es zu negativ besetzt ist. Heute sagt man „Einrichtung". Oder nur „Heim". In einer solchen Einrichtung leben circa zehn bis zwölf Kinder. Je nach Anzahl der Kinder gibt es drei bis vier Erzieher, die im Schichtdienst die Kinder betreuen. Dazu gibt es meist noch eine Haushaltshilfe, manchmal auch eine Köchin. Es gibt verschiedene Modelle solcher Einrichtungen.

Die meisten Kinder bleiben, nachdem sie aus ihrer Familie herausgenommen wurden, in der Einrichtung, bis sie 18 Jahre sind. Je älter die Kinder sind, desto schwerer sind sie an Pflegeeltern zu vermitteln. Schon mit fünf Jahren sind die Chancen äußerst gering. Jüngere Kinder werden lieber aufgenommen.

Verständlicherweise, denn man hofft, dass sie noch nicht so viel Schaden genommen haben. Häufig wollen Paare mit unerfülltem Kinderwunsch für solche jungen Kinder Pflegeeltern werden.

Das hatte ich ja schon in der Elternpflegeschule erlebt. Sie würden natürlich am liebsten Säuglinge oder Kleinstkinder haben. Möglichst hübsch anzuschauen. Und möglichst schlau. Davon gibt es natürlich nicht viele.

Ich fuhr mit Frau Breuer-Höttges in die Einrichtung, um den besagten Jungen kennenzulernen.

Das Heim machte einen netten, sauberen Eindruck. Die Erzieher waren freundlich und im Umgang mit den Kindern sehr bestimmt, aber liebevoll. Einige Kinder waren sehr neugierig und aufgeschlossen, andere sehr zurückhaltend und abweisend. Sie wussten, dass ein Besuch von fremden Erwachsenen mit Veränderungen für sie einhergehen kann. Und das merkte man ihnen deutlich an.

Dann wurde mir Dennis vorgestellt.

Ihm wurde bei der Begrüßung nicht gesagt, wer ich bin beziehungsweise warum ich da war. Aber ich hatte das Gefühl, dass er es trotzdem wusste. Schüchtern, aber sehr bemüht und konzentriert, antwortete Dennis auf meine Fragen. Nach Dingen, die er mochte. Hobbys. Freunden. Er sagte, er hätte so gerne ein paar Bilder von zu Hause. Und sein Kuscheltier. Er habe gar nichts von zu Hause.

Ich war voller Mitgefühl. Die anwesende Erzieherin hatte sich schon darum bemüht, aber der Vater war dem Wunsch wohl noch nicht nachgekommen.

Es war Adventszeit, und mit mir ging ein wenig die Fantasie durch. Dennis tat mir so leid, dass ich dachte, er könne doch vielleicht Weihnachten schon mit uns verbringen. Er war mir nicht unsympathisch. Ein kleiner Funke war übergesprungen.

Aber die Tatsache, dass er mit fast 13 Jahren nicht richtig lesen, schreiben und rechnen konnte, machte mir Sorgen. Deshalb bot man mir an, mit seiner Lehrerin zu sprechen und einige Stunden im Unterricht zu hospitieren. So könne ich einen Eindruck gewinnen.

In der darauffolgenden Woche saß ich dann also als Gast in der Förderschule und beobachtete den Unterricht. Es waren 16 Kinder unterschiedlichsten Alters in der Klasse. Die Lehrerin und eine Sonderpädagogin bemühten sich sehr, Ordnung in die überaus lebhafte Menge der Schüler zu bringen. Dennis gehörte zu den ruhigeren Kindern. Im Lauf des Vormittags verstand ich mehr und mehr, warum er so zurückhaltend war.

Es fiel ihm ganz offensichtlich schwer, dem Unterricht zu folgen. Er konnte sich nicht konzentrieren, vergaß die Aufgabenstellung und hatte dementsprechend keine Arbeitsergebnisse. Trotz der Hilfestellung der beiden Pädagoginnen war es für ihn sehr anstrengend. Man merkte, wie unangenehm ihm das war, keine Lösungen zu finden.

Ich suchte nach einer Erklärung dafür. Konnte er es einfach nicht? Oder war er so aufgeregt, weil ich dabei war? Vermutlich ahnte er ja, warum ich da war.

In der Pause hatte ich dann eine Unterredung mit der Lehrerin. Sie machte mir klar, dass sie eigentlich keine Chance sähe, Dennis überhaupt zu einem Hauptschulabschluss zu bringen. Er habe so große Defizite und brauche so viel mehr Hilfestellung, als sie ihm hier in dieser Schule geben könnten. Vermutlich brauche er auch eine Brille. Und sie sei sich nicht sicher, wie gut er tatsächlich hören könne. Das alles müsse dringend untersucht werden. Dieses Fazit war für mich sehr ernüchternd und ging mir sehr zu Herzen.

Armer Dennis.

Ich besprach die Fakten mit Frau Breuer-Höttges, die mich ja als Pflegeelternberaterin betreute.

Betreute?

Da war ich mir manchmal gar nicht so sicher.
Urlaub. Mutterschutz. Krankheit. Unterbesetzt. Burn-out. Kur.
Sie war nie zu erreichen.

Wie dem auch war, wir suchten gemeinsam nach einer Förderschule für Dennis. Leider fand sich aber keine passende Schule in der näheren Umgebung. Das würde bedeuten, dass Dennis jeden Tag jeweils eine Stunde hin und wieder zurück mit öffentlichen Verkehrsmitteln fahren müsste. Fraglich, ob er dazu überhaupt in der Lage wäre.

Seine Klassenkameraden würden dann auch sehr weit weg wohnen. Er würde sich nicht einfach kurz zum nachmittäglichen Spielen verabreden können. Hausaufgaben austauschen, gemeinsamer Schulweg, das alles wäre nicht möglich.

Was mich noch mehr besorgte, war, ob die Kinder in unserer Nachbarschaft einen Jungen, der so anders als sie war, überhaupt akzeptieren würden. Das Thema Mobbing hatte ich in den Schulen meiner eigenen Kinder häufig erlebt. Dennis bot genug Möglichkeiten, um sich über ihn lustig zu machen.

*　*　*

Mehrere Tage überlegte ich, wie man den Alltag für Dennis optimal organisieren könnte. Sein Schicksal, seine Zukunft ging mir schon zu Herzen und auch das herannahende Weihnachtsfest spielte eine Rolle. In meiner Fantasie sah ich ihn Weihnachten allein in dem Kinderheim. Und das erweckte mein Mitgefühl noch mehr.

Die Erzieher haben über die Feiertage nur Notdienst. Einige Kinder dürfen in diesen Tagen zu ihren Familien. Der Rest bleibt irgendwie im Heim.

Irgendwie.

Weihnachten macht die Menschen sentimental und öffnet die Herzen. Das wissen wir alle. Dennis wäre allein mit seiner Wohngruppe. Ohne irgendetwas Persönliches von zu Hause. Ohne den Vater.

Er tat mir schlicht und ergreifend sehr, sehr leid.

Davon konnte und durfte ich mich bei so einer wichtigen Entscheidung aber nicht leiten lassen. Es gab zu viele Gründe, die gegen Dennis sprachen. Schweren Herzens spielte ich wieder Schicksal und entschied mich gegen Dennis.

Ich fand es belastend, sich gegen die Aufnahme von einem Kind zu entscheiden. Es lag in meinem Ermessen, ihm eine Chance zu geben. Ich hatte auch diesem Kind keine Chance gegeben! Keine Chance, vielleicht einen besseren Lebensweg einschlagen zu können. Wie schon erwähnt ist es sehr unwahrscheinlich, dass sich eine Pflegefamilie für einen 13-Jährigen entscheidet – zumal, wenn der sich auf dem Niveau eines Sechsjährigen befindet. Ich fühlte mich wirklich schlecht. Dennoch hatte ich das Gefühl, die richtige Entscheidung getroffen zu haben.

***

Das Thema Pflegekind beschäftigte mich nun seit fast vier Jahren.

Und noch immer hatte ich keines.

Köln suchte doch Pflegefamilien?!

In den Tageszeitungen wurde wieder und wieder über die vielen Missstände und Versäumnisse bei den Jugendämtern berichtet.

Es war nicht zu verstehen, warum ich kein Pflegekind zugewiesen bekam.

War mein Antrag zur Aktenleiche geworden?

Urlaub. Mutterschutz. Krankheit. Unterbesetzt. Burn-out. Kur.

War das der Grund?

Ich hatte mir zur Auflage gemacht, dass ein Kind, wenn es zu uns käme, nur so alt sein dürfe, dass es noch mein leibliches Kind sein könnte. Außerdem sollte der Altersunterschied zu meinem jüngsten Kind nicht allzu groß sein. Diese Auflagen waren nach dieser langen Zeit des Wartens fast nicht mehr einzuhalten. Die Schaukel in unserem Garten verrottete allmählich und das Trampolin fing an zu rosten. Alle unserer familiären und auch meine beruflichen Planungen hingen ebenfalls von dem Pflegekind ab.

Immer wieder die Frage: Kommt ein Kind? Oder kommt keins? So hatte ich mir das wirklich nicht vorgestellt. Fünf Jahre Wartezeit. Ich war frustriert. Köln suchte doch Pflegefamilien?!

Die ganzen Vorbereitungen, der Kurs, die Beschaffung der Unterlagen, das Interview, diese ganzen Aktivitäten. Das hatte alles Geld und Zeit gekostet. Das konnte doch unmöglich alles umsonst gewesen sein?!

Und dann hatte ich ja auch noch meinen persönlichen Schwur geleistet. Ein Kind aufzunehmen, wenn es meinem ältesten Sohn gesundheitlich besser ginge. Das lag nun schon fast vier Jahre zurück. Ich wollte es nun endlich in die Tat umsetzen. Ich wollte etwas tun, um meinem Schwur gerecht zu werden. Und ich wollte etwas für das soziale Gemeinwohl tun.

Ich begann, in einem ambulanten Kinderhospizdienst zu arbeiten. Ehrenamtlich. Durch die Arbeit im Kinderhospiz verlor ich das Thema Pflegekind ein wenig aus den Gedanken.

Zwischenzeitlich erkrankte meine Mutter dann auch noch schwer und wurde zum Pflegefall. Sie musste in ein Pflegeheim umziehen, und ich musste ihren Lebensmittelpunkt verändern und ihr Leben neu organisieren. Zusätzlich ging es meinem ältesten Sohn gesundheitlich wieder wesentlich schlechter. Dadurch war ich zu dieser Zeit sehr eingespannt.

Hin und wieder kam mir mein Projekt Pflegekind wieder in den Sinn. Dann rief ich fast schon routinemäßig beim Pflegekinderdienst oder auch beim Jugendamt an.

Sprach auf den Anrufbeantworter.

Schickte eine E-Mail.

Und dann passierte wieder nichts.

Urlaub. Mutterschutz. Krankheit. Unterbesetzt. Burn-out. Kur.

War das der Grund?

Es war ernüchternd, enttäuschend und demotivierend.

Köln suchte doch Pflegefamilien?!

EIN KIND DAS PASSEN KÖNNTE.

Durch die vielen unglücklichen Fügungen in meinem Familienleben und die dadurch entstandene Arbeit dachte ich nicht mehr ganz so intensiv über die Aufnahme eines fremden Kindes nach. Zu viel Zeit war inzwischen vergangen. Zu oft war ich nun schon enttäuscht worden. Kommt ein Kind? Kommt kein Kind?

Auch für meine Familie waren diese Unsicherheiten schwierig. Irgendwann nahmen meine Kinder das ganze Thema Pflegekind – unser Pflegekind – überhaupt nicht mehr ernst. Das Leben ging weiter.

Ich widmete mich daher mehr und mehr anderen Dingen. Die ehrenamtliche Hospizarbeit für lebensverkürzend erkrankte Kinder, die Betreuung meiner pflegebedürftigen Mutter und die Pflege meines kranken Sohns nahmen mich sehr in Anspruch. Außerdem lebten ja auch meine beiden jüngsten Söhne noch bei mir.

Sporadisch meldete ich mich trotzdem weiterhin ab und zu bei Frau Breuer-Höttges, beim Pflegekinderdienst. Der Kontakt war leider nach wie vor nur auf dem Anrufbeantworter möglich. Ich sprach meine Nachrichten mit der Bitte um Rückruf aufs Band. Persönlich war sie nie zu erreichen, aber das kannte ich ja schon.

Ich schrieb ihr E-Mails. Keine Antwort.

Urlaub. Mutterschutz. Krankheit. Unterbesetzt. Burn-out. Kur.

Köln suchte doch Pflegefamilien?!

***

Im Oktober 2012 rief Frau Breuer-Höttges mich dann tatsächlich zurück. Es gebe einen kleinen, siebenjährigen Jungen namens Daniel, für den eine liebevolle Familie gesucht werde.

Daniel.

Gottseidank hieß er nicht Kevin. Oder Dennis. Oder ...
Ich bemühte mich, mein klischeehaftes Denken und meine Vorurteile zu unterdrücken.

Daniel sei vor einiger Zeit schon in eine Pflegefamilie vermittelt worden und habe sich dort auch sehr wohlgefühlt, berichtete Frau Breuer-Höttges. Nachdem er schon einige Wochen bei der Familie gelebt habe, habe sich die jüngste leibliche Tochter nicht mehr mit dem fremden Jungen in der eigenen Familie abfinden können. Das Mädchen könne nicht mehr schlafen, zöge sich sehr in sich zurück und sei oft sehr traurig. Manchmal sei sie auch aggressiv gegenüber ihren Eltern und Daniel, und ihre schulischen Leistungen hätten sich sehr verschlechtert. Aus diesem Grund habe sich das Ehepaar – beide Pädagogen – schweren Herzens entschlossen, Daniel wieder abzugeben.

Zurückzugeben!

Wie im Tierheim.

Daniel sei darüber sehr traurig, denn er wäre sehr gerne bei dieser Familie geblieben. Nach sechs Wochen in dieser Pflegefamilie lebe Daniel nun wieder bei der Mutter und drei von seinen insgesamt vier Geschwistern. Sein ältester Bruder sei zwölf Jahre alt. Weil die Mutter nicht mit ihm ausgekommen sei, sei er schon seit seinem achten Lebensjahr in einer Pflegeeinrichtung. Da die Mutter nun auch mit Daniel nicht mehr zurechtkäme, habe man ihn vor einigen Wochen in dieser Pflegefamilie untergebracht.

Bei der Mutter lebten weiterhin Daniels zehnjährige Schwester, ein sechsjähriger Bruder und eine vierjährige Schwester. Außerdem lebe der indische Lebensgefährte der Mutter in der Wohnung. Er sei Alkoholiker und randaliere im Rausch immer wieder heftigst. Da er aber der Vater der beiden jüngeren Geschwister sei, trenne sich die Mutter nicht von ihm.

„Was für ein grauenhafter Zustand für die Kinder!", dachte ich mir.

Daniels leiblicher Vater sei Koreaner und lebe in Wismar. Er sei auch der Vater der beiden älteren Kinder. Nachdem die erste Vermittlung schiefgegangen war, werde nun dringend eine neue Pflegefamilie gesucht. Die Mutter käme mittlerweile überhaupt nicht mehr mit dem Kind zurecht und die häusliche Situation eskaliere komplett.

„Können Sie sich vorstellen, Daniel aufzunehmen?", fragte mich Frau Breuer-Höttges.

Die erste Beschreibung eines zu vermittelnden Kindes hört sich zumeist positiv an. Häufig entspricht sie aber nicht ganz den tatsächlichen Umständen. Vieles wird beschönigt oder auch verschwiegen. Vieles ist den Behörden auch gar nicht bekannt.

Ich wollte mein Vorhaben nun endlich in die Tat umsetzen, und grundsätzlich klang es so, als wenn Daniel zu uns passen könnte.

Ich stimmte einem ersten Treffen zu.

DIE MUTTER.

Dieses Mal sollte ich zuerst die Mutter von Daniel kennenlernen.

Jede Behörde hält es mit der Zusammenführung bei der Vermittlung von Pflegeeltern anders – sogar innerhalb derselben Stadt.

Vor unserem ersten Zusammenkommen stellte ich mir eine Liste mit Fragen zusammen.

Wie war Daniel? Ängstlich? Scheu? Laut? Fordernd? Aggressiv?

Was waren seine Vorlieben? Was mochte er gar nicht?

Ganz wichtig in unserem Haushalt: Mochte er Tiere? Mochte er Sport?

Sein Lieblingsessen? Freunde? Allergien? Ängste?

Tausend Fragen!

Ich war aufgeregt vor diesem ersten Treffen.

Würde die Mutter mich akzeptieren?

Wären wir uns sympathisch?

Würden wir vielleicht irgendwann befreundet sein können?

Oder würde sie mich hassen?

Wie mochten die Gefühle einer Mutter in dieser Situation sein?

Wenn man einer fremden Frau gegenübersitzt, die das eigene Kind in Obhut nimmt.

Das Kind wegnimmt.

Ist die Mutter vielleicht sogar erleichtert, die Verantwortung abgeben zu können?

Tausend Gedanken!

Wir sollten uns gemeinsam mit Frau Breuer-Höttges vom Pflegekinderdienst und einer Mitarbeiterin des Jugendamts in einem Konferenzraum der Behörde treffen.

Alle waren pünktlich dort. Nur die Mutter war nicht da.

Wieso nicht? Das war doch ein sehr wichtiger Termin!

„Das sind wir so gewohnt. Frau Wittke ist ausgesprochen unzuverlässig."

Die Mitarbeiterin vom Jugendamt versuchte, Frau Wittke telefonisch zu erreichen. Man erklärte mir, dass sie nur wenige Häuserblocks entfernt wohnte.

Nach mehreren Versuchen und einer halben Stunde Warten erschien sie dann auch tatsächlich.

„Ich hatte wichtige Termine", war ihre Erklärung für die Verspätung.

Wir schauten uns alle fragend an.

Gab es tatsächlich Wichtigeres als unseren heutigen Termin?

Frau Wittke war offenbar frisch geduscht, sie hatte noch nasses Haar und trug einen Jogginganzug und Sneaker. Ein kurzer Männerhaarschnitt, ein rötliches, leicht aufgedunsenes Gesicht. Alkohol? Sie war auffallend übergewichtig. Oder schwanger? Es ließ sich nicht erkennen. Ich musste mich sehr beherrschen, um meine klischeehaften Vorurteile zu unterdrücken.

Vielleicht tat ich ihr Unrecht.

Neutral sein!

Und sie normal und freundlich behandeln!

Sie bemühte sich sichtlich, einen guten Eindruck zu machen. Und ich war auch unsicher und aufgeregt. War ich doch diejenige, die ihr gewissermaßen ihr Kind wegnehmen würde.

Wobei dieser Gedanke so eigentlich nicht richtig war.

Das Jugendamt hatte aufgrund von Missständen und zum Wohl des Kindes beschlossen, das Kind aus der Familie zu nehmen. Und ich würde dieses Kind bei mir aufnehmen. Trotz dieser tatsächlichen Sachlage fühlte ich so etwas Ähnliches wie Schuldbewusstsein.

Es stellte sich aber schnell heraus, dass diese Gedanken völlig unbegründet und überflüssig waren. Denn im Lauf des Gesprächs gewann ich mehr und mehr den Eindruck, dass die Mutter froh war, nicht mehr länger die Verantwortung für ihren Sohn tragen zu müssen. Und dass es ihr kaum schnell genug gehen konnte.

„Das war gut, dass er weg war. Da war endlich ma Ruhe im Haus", sagte sie.

Und: „Jetzt is er wieder da. Er is so frech. Wann kann er denn zu euch kommen?"

Hmmm ... Was sollte ich darauf antworten?

Meine Fragen versuchte sie – so gut sie konnte – zu beantworten. Es fiel ihr aber schwer, beim jeweils angesprochenen Thema zu bleiben. Ständig schweifte sie ab und erzählte etwas völlig Unpassendes, Abwegiges, das mit ihrem Kind gar nichts zu tun hatte. Es ging doch hier um ihren Sohn Daniel und seine Zukunft!

Sie zeigte mir ein Foto von ihren fünf Kindern.

Aber viele Fotos von ihren beiden Katzen.

Ich hatte den Eindruck, dass die Katzen ihr wichtiger und lieber waren als ihre Kinder.

Als ich ihr sagte, dass wir einen Hund hätten, wurde sie ganz lebhaft, und ich sollte ihr sofort ein Foto zeigen.

Bernhardiner sprechen für sich, wenn man Hunde mag.

„Ohhh, wie süüüß!"

„Männchen oder Weibchen?"

„Wie alt is er?"

„Is er verspielt?"

Das ging komplett am eigentlichen Thema vorbei – nämlich Daniel!

Von Daniel hatte sie leider nur ein kleines Foto dabei. Und leider war auch nicht sehr viel von ihm darauf zu erkennen, es war ziemlich unscharf. Ein kleiner Junge mit asiatischen Gesichtszügen, kahlgeschorenem Kopf und verschmitztem – wenn auch zahnlosem – Lächeln.

Die Haare seien so kurz wegen der Läuse, sagte mir Frau Wittke.

„Das ist praktisch!"

Und die Zähne hätten ihm im Sommer alle gezogen werden müssen, weil sie voller Löcher gewesen seien.

Völlig beiläufig erzählte sie das alles. So als sei es die normalste Sache der Welt, einem Kind alle Zähne ziehen zu lassen. Vermutlich war sie sich über die Intention einer solchen ärztlichen Maßnahme überhaupt nicht im Klaren.

Ebenso lapidar berichtete sie, dass Daniel immer wieder vorzeitig von der Schule abgeholt werden müsse, da man dort nicht mit ihm fertig werde.

„Deshalb kann ich ja auch nicht mehr arbeiten gehen."

Sie hatte zu der Zeit einen 1-Euro-Job, eine Arbeitsbeschaffungsmaßnahme.

Auf meine Frage, was Daniel denn dann den ganzen Tag zu Hause machen würde, sagte sie: „Fernsehen. Computerspielen. – Mit mir."

Er sei oft sehr wild und frech und würde „auf Mama gar nicht hören".

„Aber dann setzt es was!"

Dass sie dem Kind ganz und gar nicht gewachsen war, bestätigte sich immer mehr, je länger wir uns unterhielten.

Sie stellte mir auch einige Fragen über mich, meine Familie und mein Zuhause. Aber es waren nur wenige. Entweder war sie unsicher, oder sie hatte kein großes Interesse an mir. Hauptsache, der Junge kam weg.

Am Ende unseres Termins kam sie zu dem Schluss, dass ich nett sei, weil ich einen Hund hätte. Alle Menschen, die Tiere hätten, seien nett. Und: Ja, sie sei einverstanden damit, dass Daniel zu uns kommen würde.

Test bestanden!

Ich freute mich.

Was für eine Welt …

Das Foto von Daniel durfte ich mitnehmen. Natürlich wollte ich es gern meinen Kindern zeigen, damit sie auch einen Eindruck gewinnen konnten. Ich war mir allerdings nicht sicher, ob der Eindruck, den dieses Foto vermittelte, positiv sein würde.

Kahlgeschoren. Ohne Zähne.

Aber ein verschmitztes Lächeln.

Und schutzbedürftig.

Armer kleiner Mensch.

Über Daniel hatte ich durch seine Mutter tatsächlich relativ wenig erfahren. Und anhand des kleinen Fotos konnte ich keinen richtigen Eindruck gewinnen. Deshalb wurde noch ein weiterer Termin eine Woche später vereinbart. Diesmal sollte Daniel dabei sein. Frau Breuer-Höttges und eine Sozialarbeiterin, die Daniels Familie schon längere Zeit betreute, würden unser Treffen begleiten.

Daniels Wohnort: Köln Kalk.
Hohe Arbeitslosigkeit.
Hoher Ausländeranteil.
Ein Stadtteil mit einigen Hochhäusern und kleineren Mehrfamilienhäusern.
Sozialwohnungen.
Kita.
Grundschule.
Ein Ärztehaus.
Ein türkischer Gemüsehändler.
Ein Kiosk.
Ein Aldi.
Ein 1-Euro-Shop.
Ein sozialer Brennpunkt der Stadt.
Ein Unternehmen hatte in diesem Stadtteil ein Abenteuerhaus für Kinder gespendet. Wir hatten verabredet, dass wir uns vor dem Abenteuerhaus auf dem Spielplatz treffen würden. Es war ein kalter, grauer Novembernachmittag. Frau Breuer-Höttges und ich waren ein wenig zu früh dort, und so konnte ich ihr noch einige Fragen über Daniel und seine Familie stellen.

Die Familie war der Sozialbehörde schon seit Jahren bekannt. Die Polizei war wegen häuslicher Gewalt auch schon häufig vor Ort gewesen. Für die vier Kinder mittlerweile ein unhaltbarer Zustand. Ich empfand tiefes Mitgefühl.
Ich lebte in einer heilen Welt. Derartige Umstände kannte ich nur aus den Medien. Auch wenn ich mich schon mit vielen sozialen Projekten beschäftigt hatte, waren die Dinge, die ich im Rahmen des Projekts Pflegekind erlebte, ganz neue Erfahrungen. Ich wurde mit dem, was man sonst nur aus den Schlagzeilen der Boulevard-Presse erfährt, konfrontiert.
Live. Direkt. Emotional.
In aller Härte.
Aber ich erlebte es ja nur als Betrachter.

Respekt vor allen Beteiligten.
Respekt vor allen Betroffenen.
Respekt vor allen Sozialarbeitern. Sozialpädagogen. Familienrichtern.

ERSTES TREFFEN.

Daniel kam in Begleitung von Frau Stein. Sie war, wie gesagt, in den letzten Jahren als Familienbegleiterin für Familie Wittke eingesetzt worden.

Als sie uns erreichten, riskierte Daniel, der wirklich sehr asiatisch aussah, einen kurzen Blick auf mich. Und schaute schnell wieder weg. Er stieg sofort auf das nächstgelegene Klettergerüst – und tat so, als wären wir alle nicht da.

Kein „Guten Tag", kein „Hallo".

Aus sicherer Entfernung beobachtete er uns.

Ich wusste nicht, was man ihm über mich und unser Treffen gesagt hatte. Aber ich bin mir sicher, er wusste genau, worum es für ihn ging.

Er sah genauso aus wie auf dem Bild: kahlgeschoren und zahnlos.

Ein ziemlich schmutziger Anorak und Gummistiefel.

Keine Mütze.

Kein Schal.

Keine Handschuhe.

Es war kalt. Sehr kalt.

Er tat mir leid.

Mit Frau Stein war Daniel recht vertraut. Sie begleitete ihn und seine Familie schon, seit er zwei Jahre alt gewesen war. Sie rief ihn zu sich, damit wir ins Abenteuerhaus gehen konnten.

Der Wind war eisig, und uns allen war kalt. Mehrmals musste er gerufen werden, bis er dann endlich kam. Dabei warf er immer wieder einen verstohlenen Blick auf mich.

„Ich bin Susanne. Hallo Daniel", begrüßte ich ihn und sagte, dass ich mich sehr freuen würde, ihn kennenzulernen.

Ein kurzer Blickkontakt, ein mürrisches „Ja".

Ich wollte gar nicht erst den Versuch machen, ihm die Hand zu geben. Ich spürte, dass das noch nicht der richtige Zeitpunkt war.

Kaum waren wir im Abenteuerhaus, rannte er los. Er kannte sich dort offensichtlich sehr gut aus. Frau Breuer-Höttges erklärte mir, dass die Kinder, die in diesem Viertel wohnen, freien Eintritt hatten. Davon wurde augenscheinlich reger Gebrauch gemacht, denn es sah alles dringend renovierungsbedürftig aus.

Daniel lief also vor uns her. Wir drei Erwachsenen folgten ihm. Man kann nicht sagen, dass er vor uns weglief, er trabte einfach vor uns her. Er hatte eine ganz besondere Art zu laufen. Leicht vornübergebeugt, die Arme ein wenig abgespreizt. Wie kleine Flügel. Wie ein Blatt im Wind.

Sehr schnell bekam ich den Eindruck, dass er irgendwie rast- und ruhelos war. Frau Stein bat ihn immer wieder, bei uns zu bleiben, damit wir uns gemeinsam alles anschauen könnten. Er war widerwillig und maulte, das sei alles total langweilig, und er habe das alles schon hundertmal gesehen.

Klar kannte er das alles. Das Abenteuerhaus war die einzige Attraktion in der Nähe. Und für die Kinder, die dort lebten, eben kostenlos. Ein Aufenthaltsort, wenn es auf der Straße zu kalt war.

Das Abenteuerhaus war kein bisschen langweilig, sondern vollkommen auf Kinder ausgerichtet. Alles war zum Anfassen. Zum Riechen. Zum Schmecken. Zum Hören. Zum Fühlen. Man konnte an Zahnrädern drehen, durch ein Labyrinth gehen, Strickleitern hochklettern. Jede Menge Aktionen für alle Sinne.

Ich glaube, Daniel hatte für sich beschlossen, erst einmal gegen alles zu sein. Angriff schien für ihn die beste Verteidigung zu sein. Alle meine Fragen wurden – wenn überhaupt – nur mit einem knappen Ja oder Nein beantwortet.

Die ganze Situation war ein wenig grotesk. Tatsächlich liefen drei Erwachsene hinter einem kleinen, sieben Jahre alten Jungen her und bemühten sich, auf irgendeine Weise mit ihm in Kontakt zu bleiben.

Man muss sich aber auch in ihn und seine Gefühlslage hineinversetzen. Er ahnte bestimmt, dass ich eventuell eine wichtige Rolle in seinem weiteren Leben spielen würde. In seiner eigenen Familie durfte er nicht mehr bleiben, weil die Mutter nicht mehr mit ihm fertig wurde. In einem Heim war er kurzfristig untergebracht worden. In der Pflegefamilie wurde er abgewiesen. Und nun kam ich ...

Immer wieder beobachtete ich, wie er mich verstohlen von der Seite ansah.

Und ich tat es umgekehrt genauso.

In einer Etage des Abenteuerhauses gab es eine Gondelkabine einer Bergseilbahn. An die Wand dahinter war eine Bergkulisse gemalt. Ich setzte mich in die Gondel und bat ihn, sich doch zu mir zu setzen. Tatsächlich überwand er seine Hemmschwelle und setzte sich neben mich. Ich fragte ihn, ob er schon mal in den Bergen gewesen sei.

„Nööö."

Gut, die Antwort war klar, aber ich freute mich, dass er sich auf ein kleines Gespräch einließ. Ich erzählte ihm, dass ich ursprünglich aus Österreich komme, dass ein Teil meiner Familie dort lebt und ich deshalb oft dorthin fahre. Dass die Berge dort so hoch sind, dass man durch einen langen Tunnel durch den Berg fahren kann. Dass es dort viel Schnee gibt und dass man die Berge auf Skiern und nicht nur mit dem Schlitten hinunterfahren kann.

In meiner Fantasie sah ich Daniel schon mit mir und meiner Familie im gemeinsamen Skiurlaub.

Froh, ein unverfängliches Thema gefunden zu haben, erzählte ich, was man einem Kind so über Österreich erzählen kann. Zaghaft ließ er sich darauf ein und hörte mir sogar halbwegs interessiert zu. Aber nur für kurze Zeit. Er war ungeduldig und wollte weiter.

„Können wir jetzt los? Es is langweilig."

Der Besuch im Abenteuerhaus, unser erster Kontakt, dauerte nicht lange. Die Mitarbeiter des Jugendamts und des Sozialamts hatten anscheinend nur anderthalb Stunden für Daniel und mich in ihrem Dienstplan vorgesehen.

Ich fand, das war eine sehr kurze Zeit.

Wir verabschiedeten uns, und es wurde ein neuer Termin für ein weiteres Treffen ausgemacht.

ERSTE VERABREDUNG.

Ich sollte Daniel in der kommenden Woche zu Hause abholen und mit ihm auf den nahegelegenen Spielplatz gehen. Es war Dezember, und es war ein besonders kalter Winter. Aber keinem von uns fiel eine bessere Örtlichkeit ein. Im Jugendamt war für ein solches Treffen kein Raum vorhanden. Die elterliche Wohnung kam nicht infrage. Dort waren die Geschwister, die Mutter und der Stiefvater. Ehrlich gesagt hatte ich auch kein sehr großes Bedürfnis, dort hinzugehen. Und um Daniel im Auto mitzunehmen und zu uns zu fahren, war es noch zu früh, dafür kannten wir uns noch nicht gut genug.

Am darauffolgenden Dienstag, dem verabredeten Tag, war das Wetter nasskalt. Regnerisch und windig. Ich war ein wenig aufgeregt, denn so ganz war der Funke zwischen Daniel und mir beim ersten Treffen noch nicht übergeflogen. Es war für mich nicht leicht, auf Anhieb Sympathie für den kahlgeschorenen, zahnlosen und nicht gerade freundlich gestimmten kleinen Jungen zu empfinden. Ich fragte mich, wie meine Kinder auf ihn reagieren würden, wenn sie ihn demnächst kennenlernen würden. Und ich war auch aufgeregt, weil ich davon ausging, nun seine ganze Familie bei der Übergabe kennenzulernen. Ich rechnete mit Misstrauen.

Wie verabredet stand ich um halb vier Uhr vor der Tür des Mehrfamilienhauses. Daniels Familie wohnte im obersten Stockwerk.

Ich klingelte. Nichts passierte.

Ich wartete. Klingelte noch einmal. Nichts passierte.

Ich wurde unruhig. Aber die Hausnummer stimmte. Die Straße auch. Uhrzeit und Datum ebenfalls.

Hatte man unserer Verabredung vergessen?

Ich suchte auf meinem Handy nach der Nummer des Jugendamts, um mich zu erkundigen, ob ich vielleicht etwas falsch verstanden hätte. Leider meldete sich – wie immer – nur der Anrufbeantworter.

Das brachte mich in der Situation nicht weiter, aber ich wollte auch dokumentieren, dass zumindest ich die Verabredung eingehalten hatte.

Meine Aufregung verflüchtigte sich und mich beschlich ein Gefühl von Enttäuschung. Ich hatte mich wirklich auf unser zweites Treffen gefreut.

Ich klingelte noch ein weiteres Mal. Da wurde im oberen Stockwerk ein Fenster geöffnet, aber ich konnte niemanden sehen.

„Daniel kommt runter!"

Das Fenster wurde lautstark wieder geschlossen.

Daniels Mutter? Komisch. Wollte sie mich nicht sehen? Begrüßen? Es gab doch einiges zu besprechen. Zumindest mussten wir doch ausmachen, wann wir wieder zurück sein sollten.

Nach gefühlt endlosen Minuten wurde die Haustür zaghaft aufgemacht und Daniel stand vor mir. Zögerlich. Auf dem Sprung. Bereit, jeden Moment wieder umzudrehen.

Er sah kleiner und schmächtiger aus, als ich ihn in Erinnerung hatte. Die Jacke zu dünn. Keine Mütze. Kein Schal. Keine Handschuhe.

Es war Dezember, nasskalt, und es wehte ein eisiger Wind.

Ich fragte ihn, ob seine Mutter nicht runterkäme, oder ob ich sonst nach oben gehen solle. Aber er verneinte es.

„Nö. Wieso?"

„Wann sollst du denn wieder zu Hause sein?"

„Keine Ahnung. Egal."

„Musst du noch Hausaufgaben machen?"

„Nö!"

„Wann gehst du denn immer ins Bett?"

„Keine Ahnung."

„Was möchtest du denn jetzt machen?"

„Keine Ahnung. Ich hab Hunger."

„Hast du noch nichts gegessen?"

„Nö."

Die Unterhaltung verlief schleppend. Es war halb vier, und er hatte noch nichts gegessen. Dann würden wir jetzt also als Erstes etwas zu essen für ihn besorgen müssen. Ehrlich gesagt hatte ich mir auch nicht sehr viele Gedanken gemacht, was wir gemeinsam unternehmen könnten. Für den geplanten Spielplatzbesuch war es jedenfalls eindeutig zu kalt. Wir beschlossen, in den nahegelegenen Supermarkt zu gehen, damit er sich dort etwas zum Essen aussuchen konnte.

Er kannte den Weg und lief vor mir her. Genauso, wie es mir schon bei unserem ersten Treffen aufgefallen war. Er lief mir nicht weg, sondern trabte vor mir her. Die Arme leicht abgewinkelt, den Oberkörper leicht vorgebeugt. Wie ein Blatt, vom Wind getrieben.

Da er so abweisend war, hatte ich ein wenig Sorge, dass er mir vielleicht weglaufen würde. Er kannte sich in seinem Viertel gut aus, ich nicht.

Schließlich trug ich die Verantwortung für ihn.

Ich hatte Mühe, ihm zu folgen, wollte aber auch nicht den Anschein erwecken, hinter ihm herzurennen. In den Gängen des Supermarkts war das erst recht nicht einfach. Auch dort kannte er sich gut aus. Er wusste genau, was er wollte, und suchte sich Reiswaffeln und ein Trinkpäckchen aus.

Ganz bescheiden.

Es war verlockend, ihm etwas Besonderes zu kaufen.

Etwas, was er sich sonst nie kaufen durfte oder konnte. Aber ich wollte mir seine Zuneigung auch nicht erkaufen. Während ich bezahlte, riss er schon die Verpackung auf und begann hastig zu essen. Er musste wohl wirklich sehr hungrig gewesen sein.

Ich wollte mich eigentlich mit ihm irgendwo hinsetzen, damit er in Ruhe essen konnte. Aber er wollte mit mir lieber durch das Einkaufszentrum gehen. Ich hatte den Eindruck, dass er das häufig tat. Er begrüßte einige Kinder und Erwachsene, die uns auf unserem Weg begegneten. Man kannte ihn.

Die ganze Zeit musste ich ihm folgen und hinter ihm herlaufen. Das machte eine Unterhaltung sehr schwierig. Aber ich hatte auch nicht das Gefühl, dass er gerne mit mir reden wollte. Er blieb abweisend und einsilbig.

Trotzdem bekam ich heraus, dass er oft Geld bekam, um sich etwas zu essen zu kaufen.

Wenn zu Hause nichts zu essen wäre.
Wenn Mama krank wäre.
Oder auch wenn sie nicht da wäre.
„Seid ihr dann ganz alleine? Passt niemand auf euch auf?", fragte ich ihn.
Die beiden jüngeren Geschwister Leon und Maja waren schließlich erst vier und fünf Jahre alt. Und Daniel war ja auch erst sieben.
„Meine große Schwester passt dann auf uns auf. Manchmal sin wir aber auch ganz alleine."
Celina, die große Schwester, war auch erst neun Jahre alt.
„Ich war auch schon ma zwei Tage ganz allein zu Hause. Da war ich fünf."
„Das glaube ich nicht!"
„Doch! Mama is mit den anderen zu Papa gefahren. Da war ich krank und bin mit den Katzen zu Hause geblieben. Die Nachbarin hat abends nach mir geschaut. Aber ich hatte keine Angst. Ich hab den ganzen Tag ferngesehen."
Ich konnte es nicht fassen.
Aber immerhin hatte er mit mir mehr als zwei Worte gewechselt.
Mittlerweile war es schon sechs Uhr. Die Zeit war schnell vergangen. Ich fand, es sei eine angemessene Zeit für einen Siebenjährigen, um sechs Uhr zu Hause zu sein. Es war schon dunkel. Wir schlugen den Rückweg ein und kamen an meinem parkenden Auto vorbei. Ich machte ihn darauf aufmerksam und er nickte anerkennend.
„Coooles Auto!"
„Danke!"
Immerhin ... eine weitere Reaktion! Eigentlich war es ein ganz normales, etwas größeres Familienauto. Für ihn war es aber offensichtlich etwas Besonderes.
Ich schlug ihm vor, beim nächsten Treffen einen Ausflug mit dem Auto zu machen.
„Nö! Ich hasse Auto fahren. Da wird mir immer schlecht! Ich fahr kein Auto!"
Eine klare Ansage. Das bedurfte wohl noch einiger Überzeugungskraft.
Als wir bei ihm zu Hause ankamen, fragte ich ihn, ob er Lust dazu habe, dass wir uns in der nächsten Woche wieder treffen würden.

„Egal. Vielleicht. Weiß nicht."

„Soll ich mal mit deiner Mutter sprechen?"

„Von mir aus. Kannst du machen."

Ich klingelte an der Haustür.

Daniel sagte: „Ich kann alleine rauf!"

„Ja, aber ich muss doch einen neuen Termin mit deiner Mutter vereinbaren."

„Die is eh nich da!"

Oben öffnete sich ein Fenster und jemand rief: „Komm rauf!"

Der Tür wurde aufgedrückt und Daniel verschwand wie ein kleines Wiesel durch einen winzigen Spalt. Ich kam so schnell gar nicht hinterher, und die Tür fiel ins Schloss.

Ich stand vor der verschlossenen Tür.

Wollten die mich denn gar nicht kennenlernen? Interessierte es sie nicht, wie unser erster gemeinsamer Nachmittag verlaufen war?

Wir mussten doch auch einen neuen Termin ausmachen.

Und verabschiedet hatten Daniel und ich uns eigentlich auch nicht richtig.

Entschlossen klingelte ich noch einmal.

Keine Reaktion.

Noch einmal drückte ich den Klingelknopf.

Oben hörte ich wieder, wie das Fenster geöffnet wurde.

„Was is?"

„Also ... wir müssen doch ein neues Treffen ausmachen?! Ich würde mich gerne mit Ihnen absprechen. Sind Sie denn überhaupt Daniels Mutter? Ich würde gern mit ihr sprechen."

Ich wusste gar nicht, was ich sagen wollte. Was ich sagen sollte.

„Nächsten Mittwoch um drei", kam es von oben, und das Fenster wurde wieder zugeknallt.

Ich war wirklich perplex. Nein, ich war ärgerlich.

War das überhaupt die Mutter?

Und wenn ja, was dachte die sich eigentlich?

ZWEIFEL UND BEDENKEN.

Unzufrieden fuhr ich nach Hause. Ich hatte mir das alles so anders vorgestellt. Trotz der vielen Informationen im Seminar musste ich mir jetzt eingestehen, dass ich sehr naiv an die Sache herangegangen war.

Im Geiste hatte ich mich mit einem vergnügten Pflegekind an der Hand spazieren gehen gesehen. Vielleicht ein wenig schüchtern, aber voller Vertrauen. Erleichtert, dass es ihm nun besser gehen würde als vorher in seiner Familie.

Wie unrealistisch diese Vorstellung war, merkte ich mehr und mehr. Allein die Tatsache, von Mutter, Vater und Geschwistern getrennt zu werden, ist schon eine traumatische Erfahrung. Ganz abgesehen von dem, was vorher vorgefallen war, um diese Trennung notwendig zu machen. Also was erwartete ich da eigentlich? Ich musste deutlich mehr Verständnis und Geduld aufbringen.

Ich brannte darauf, meinen Kindern von diesem ersten alleinigen Treffen mit Daniel zu erzählen. Aber es schien niemanden sonderlich zu interessieren, was ich mit ihm erlebt hatte.

Im Gegenteil.

Verdrängung.

„Bringst du den etwa auch mit hierhin?"

Ich war empört. „Na klar! Was denkt ihr denn?! Das ist doch logisch. Er wird irgendwann bei uns einziehen."

Ich merkte, dass sich da ein erheblicher Widerstand aufbaute. Oder auch schon aufgebaut hatte.

Erstmal ignorierte ich das. Noch war nichts entschieden. Meine eigenen Entschlüsse waren bisher schon zu oft durch Entscheidungen der Behörde zunichtegemacht worden. Bei Aisha hatte ich mich recht schnell entschlossen, sie aufzunehmen, meine Kinder dementsprechend darauf vorbereitet, und plötzlich war alles anders geregelt worden.

Gegen Aisha. Gegen mich. Gegen uns.

Ich glaube, meine Kinder konnten oder wollten sich zum damaligen

Zeitpunkt nicht mehr vorstellen, dass ich mein Vorhaben tatsächlich in die Tat umsetzen würde.

* * *

Ich überlegte, wie und wo ich die weiteren Treffen mit Daniel gestalten könnte. Es war Dezember. Draußen war es kalt und es wurde früh dunkel. Normalerweise fällt mir eigentlich immer etwas ein, um Kinder zu beschäftigen. Jahrelang hatte ich mir für meine eigenen Kinder, ihre Freunde, Austauschschüler und Gastschüler etwas einfallen lassen müssen.

Spielplatz. Waldspaziergang. Museum. Schwimmbad. Kino. Zoo. Pferdestall.

In einer Großstadt gibt es viele Möglichkeiten. Viele dieser Aktivitäten waren aber durch das Wetter jetzt nicht möglich. Wenn wir ins Kino oder ins Kindertheater gehen würden, hätten wir wenig Gelegenheit zum Reden. Und das Ziel unserer Treffen sollte ja sein, dass wir uns kennenlernten und eine vorsichtige erste Beziehung aufbauten.

Anbahnungszeit heißt das in der amtlichen Fachsprache. Für die Anbahnung rechnet man ungefähr vier bis sechs Wochen. Dann sollte der Kontakt zwischen dem Kind und der zukünftigen Pflegefamilie so weit gefestigt sein, dass man an eine Übersiedlung in die neue Familie denken kann.

Eigentlich finde ich zu Kindern immer recht schnell einen herzlichen Zugang. Aber bei Daniel … Ich hatte das Gefühl, gegen eine Wand zu reden. Er war desinteressiert und distanziert. Misstrauisch. Immer auf dem Sprung, wegzulaufen. Der Funke war irgendwie noch nicht übergesprungen.

Ich fühlte mich hilflos. Und rief mich selbst zur Ordnung. Ich musste viel mehr Geduld aufbringen. Schließlich war ich eine vollkommen fremde Person für ihn. Wie sollte er anders reagieren nach all dem, was in seinem kurzen Leben schon an negativen Dingen passiert war?! Wie konnte ich überhaupt etwas erwarten, nachdem wir uns erst zweimal getroffen hatten? Ich lebte in einer heilen Welt und kannte auch nur Kinder aus dieser heilen Welt. Normale Kinder.

Aber was ist schon normal? Dieses Kind war einfach anders. Ganz anders als andere Kinder, die ich bisher erlebt hatte.

Diese Erkenntnis machte mir die Entscheidung schwer, ihn meinen Kindern vorzustellen. Durch seinen kahlgeschorenen Kopf und seinen zahnlosen Mund sah er nicht gerade sympathisch und liebenswert aus. Außerdem war er abweisend und unfreundlich. Sein Tonfall und seine Art zu sprechen waren dominant und respektlos – für einen Siebenjährigen nicht angemessen.

Wenn ich ihn mit zu uns nach Hause nähme, würde er sicher die Erwartung hegen, dass ich ihn bei uns aufnehmen würde.

Wollte ich das überhaupt?

Wollte er das überhaupt?

Ich wollte ihm in jedem Fall eine Enttäuschung ersparen.

Jetzt, wo eine Übernahme schon recht nahelag, plagten mich plötzlich allergrößte Zweifel. Alles war so anders, als ich mir das vorgestellt hatte. Ich musste mich regelrecht selbst überreden, dieses Kind als Pflegekind aufnehmen zu wollen. Ich wollte gerne aus tiefer Überzeugung sagen können: „Ja, ich will, dass genau dieser Junge zu uns kommt." Davon war ich aber noch weit entfernt.

Einige Tage später, kurz vor unserem nächsten Treffen, rief mich Frau Breuer-Höttges vom Kinderpflegedienst an und wollte wissen, wie unser erstes alleiniges Treffen verlaufen sei. Sie wusste durch meinen Anruf, dass die Übergabe nicht sehr gut verlaufen war. Ich fragte sie, ob man das nicht etwas besser regeln könne. Von den eingeplanten drei Stunden hatte ich ja fast eine halbe Stunde vor der Tür gewartet, weil niemand aufgemacht hatte.

„So etwas kennen wir von Frau Wittke. Das kommt häufig vor. Sie ist leider sehr unzuverlässig", sagte Frau Breuer-Höttges.

Wir beschlossen, dass ich Daniel am nächsten Mittwoch direkt von der Schule abholen und ihn dann um sechs Uhr wieder nach Hause bringen würde. Schulschluss sei um drei Uhr, informierte mich Frau Breuer-Höttges, dann habe er schon gegessen und die Hausaufgaben seien auch bereits erledigt. Somit hätten wir dann drei Stunden Zeit miteinander.

Drei Stunden Zeit mit Daniel intensiv zu nutzen wäre mir beim letzten Mal schon nicht leichtgefallen. Ich ging davon aus, dass er beim nächsten Treffen immer noch so verschlossen sein würde. Was sollte ich dann bloß in dieser Zeit mit ihm anfangen? Es war wie gesagt Winter und kalt und nass draußen.

Ihn mit zu mir nach Hause zu nehmen erschien mir wirklich noch zu früh. Wir standen erst am Anfang unseres Kennenlernens.

Er wuchs in einer Drei-Zimmer-Wohnung auf, in der zeitweise bis zu sieben Personen lebten. Die vier bis fünf Geschwister – je nachdem, ob der große Bruder im Heim war oder nicht. Die Mutter und der Stiefvater und drei Katzen. Im vierten Stock. Ohne Balkon. Der nächste Spielplatz zehn Minuten entfernt.

Er würde bei uns wahrscheinlich vollkommen überwältigt werden. Das große Haus. Der Garten mit den Spielgeräten. Schaukel. Sandkiste. Trampolin. Fußballtor. Für ihn müsste das ein Paradies sein.

Was würde ich für Hoffnungen wecken, wenn ich ihn mitnähme? Und dann würde er nachher vielleicht doch nicht zu uns kommen ...

ERSTER BESUCH BEI UNS.

Am Mittwoch stand ich wie verabredet um kurz vor drei Uhr vor Daniels Klasse. Klasse 1a. Einige Eltern standen ebenfalls wartend vor der Tür. Die meisten schienen Ausländer zu sein. Der Migrantenanteil ist in diesem Stadtteil besonders hoch. Einige Frauen trugen ein Kopftuch. Die einzigen zwei anwesenden Männer waren tätowiert, muskulös und durchtrainiert. Einer hatte einen Hund dabei, der sicherlich mindestens einen Kampfhund in seinem Stammbaum hatte. Was hatte so ein Hund in einer Grundschule zu suchen? Alle Klischees wurden hier – zumindest optisch – bedient. Ich versuchte, mich von diesen Vorurteilen zu distanzieren.

Doch das Umfeld verunsicherte mich ein wenig.

Ich fühlte mich fremd.

Die Schulglocke klingelte, die Tür ging auf und eine Horde von Erstklässlern stürmte nach draußen. Es waren so viele Kinder, dass ich Angst hatte, Daniel nicht zu erkennen und ihn zu verpassen. Alle griffen sich ihre Jacken, Mützen und Schultaschen und wechselten die Schuhe. Es war ein unglaublicher Tumult.

Natürlich kannte ich das aus der Grundschulzeit meiner eigenen Kinder. Aber hier kannte ich mich nicht aus. War ich hier überhaupt richtig? Waren wir wirklich hier verabredet? Wo war Daniel? Hatte man ihm nicht Bescheid gesagt, dass ich hier auf ihn wartete?

Als das Durcheinander sich ein wenig gelichtet hatte, ging ich in die Klasse, um die Lehrerin aufzusuchen. Frau Sommer. Soviel ich wusste, war sie vom Jugendamt über alles, was Daniel betraf, informiert. Also auch über mich als potenzielle Pflegemutter.

Sie begrüßte mich freundlich und sagte, wie sehr sie sich freue, dass Daniel wieder in einer Familie aufgenommen würde.

„Er ist so ein liebenswerter kleiner Kerl. Auch wenn ich manchmal an ihm verzweifle. Er braucht unbedingt Halt und eine liebevolle Betreuung."

„Ja, ich hoffe, ich schaffe das mit ihm!"

„Aber wieso sind Sie denn überhaupt hier? Er war ja heute gar nicht in der Schule."

Ich fiel aus allen Wolken und erzählte ihr, dass wir hier nach Schulschluss miteinander verabredet waren.

„Oh, das tut mir leid. Er ist auch nicht entschuldigt worden. Das ist häufig so. Manchmal schafft die große Schwester es nicht, ihn herzubringen. Sie ist ja selbst erst neun Jahre alt."

„Und die Mutter oder der Vater?", fragte ich.

„Ach, das klappt in der Familie leider alles nicht so, wie es sein sollte."

Ich wusste überhaupt nicht, was ich jetzt tun sollte. Auch wenn ich unsicher war, so hatte ich mich dennoch auf den Nachmittag gefreut. Als Erstes versuchte ich, Frau Breuer-Höttges zu erreichen. Vielleicht war der Nachmittag mit ihrer Hilfe noch zu retten.

Aber es meldete sich – wie üblich – der Anrufbeantworter.

Frau Sommer merkte, wie unschlüssig ich war, und schlug mir vor, einmal bei Daniel zu Hause nachzufragen, was los sei. Die Wohnung liege ja nur zwei Straßen entfernt. Das erschien mir schlüssig. Ich verabschiedete mich und ging zu Daniels Wohnung.

Ich klingelte. Mehrmals. Nach einer Weile wurde dann oben doch noch ein Fenster geöffnet.

„Wer is da?!"

Wieder die unwirsche Stimme.

Ich nannte meinen Namen und sagte, dass ich doch mit Daniel verabredet gewesen sei.

„Daniel is krank. Der kann heut nich."

„Das tut mir leid. Sagen Sie ihm bitte, dass ich ihm gute Besserung wünsche. Wann würde Ihnen das nächste Treffen passen?"

„Nächste Woche wieder. Wenn er gesund is."

Das Fenster wurde geschlossen. Mir blieb gar keine Zeit, irgendetwas zu fragen oder zu antworten. Ich war enttäuscht und auch verärgert.

Was dachte sich diese Frau eigentlich?

Ich kam mir vor wie ein Bittsteller. Hätte man mich nicht rechtzeitig informieren können?! Ich hatte mir extra den ganzen Nachmittag freigehalten.

Es blieb mir nichts anders übrig, als Frau Breuer-Höttges meinen Unmut aufs Band zu sprechen.
Sie direkt, live, am Telefon zu erreichen war einfach unmöglich.

Einige Tage später rief sie mich zurück und entschuldigte sich. Sie sei krank gewesen, habe aber mit Frau Wittke gesprochen. Ja, Daniel sei auch krank gewesen. Die ganze Familie sogar, und deshalb habe Frau Wittke auch nicht absagen können.
Wie krank muss man sein, um nicht telefonieren zu können? Es fiel mir ausgesprochen schwer, nicht unfreundlich zu reagieren.
Ein neuer Termin wurde ausgemacht. Wieder sollte ich Daniel nach der Schule abholen.

Ein weiteres Mal stand ich zum vereinbarten Termin beim Klassenraum. Diesmal kam Daniel als einer der ersten herausgestürmt, und wir hatten sofort Blickkontakt. Ich hatte den Eindruck, so etwas wie ein freudiges Wiedererkennen in seinen Augen zu sehen.
Und das freute mich!
„Hey Daniel!"
„Na."
Die Begrüßung fiel immer noch einsilbig aus.
Wir nahmen seinen Schulranzen und den Sportbeutel und gingen zu meinem Auto. Vorher hatte ich eine Kleinigkeit zum Essen und Trinken gekauft, damit wir nicht wieder in das Einkaufszentrum mussten. Ich wollte nicht wieder in der fremden Umgebung hinter ihm herlaufen müssen.
Da es seit Wochen so sehr kalt war, waren die Gewässer zugefroren. Ich wollte mit ihm zum Decksteiner Weiher fahren. Man würde da wunderbar schlittern können. Ich war mir sicher, dass Daniel noch nicht dort gewesen war.
Der Decksteiner Weiher ist ein angelegter See mitten in einer Grünanlage in der Nähe unseres Wohnorts in Köln-Rodenkirchen. Auf der südlichen Seite ist ein Aussichtshügel. Dort kann man sogar rodeln. Ich

hatte leider nicht daran gedacht, einen Schlitten mitzunehmen, aber wenn das Wetter sich hielt, könnten wir das beim nächsten Treffen machen.

Als wir auf dem Parkplatz angekommen waren, erklärte er mir wieder, dass er nicht mit dem Auto fahren wolle.

„Da wird mir immer schlecht und ich muss kotzen."

Die Aussicht fand ich nicht gerade verlockend, aber was tun? Vielleicht hatte er einfach nur Angst, zu einem wildfremden Menschen ins Auto zu steigen? Ich musste es riskieren.

„Hey, lass es uns doch einfach mal probieren. Ich fahre ganz langsam, und ich mache dein Fenster auf. Im Notfall halte ich sofort an."

„Nööö!"

„Ach komm, lass es uns versuchen! Ich will mit dir an einen See fahren. Der ist zugefroren, da kannst du auf dem Eis rutschen. Das ist echt cool."

„Nöööö!"

Er verschränkte die Arme vor der Brust.

Irgendwie – nach endlosen Minuten in der eisigen Kälte – konnte ich ihn dann doch überzeugen, und er kletterte zaghaft in das Auto.

Vormittags hatte ich noch schnell einen Kindersitz im Second-Hand-Shop gekauft. Von meinen Kindern hatte ich keinen Autositz aufgehoben, und ich hatte Respekt vor der Verantwortung gegenüber einem fremden Kind. Sicher ist sicher.

Vom Jugendamt hatte mir niemand irgendwelche Regeln oder Hinweise mit auf den Weg gegeben. Und ich wollte nichts falsch machen. Wer weiß, wie die Behörden im Falle eines Unfalls reagiert hätten?

Ich half Daniel, sich anzuschnallen, und öffnete das Fenster. Es war wirklich sehr kalt. Wir fuhren los. Daniel schaute nach draußen. Man merkte ihm an, dass er noch nicht allzu oft in einem Auto gesessen hatte. Er wirkte sehr verunsichert und schwieg.

Gottseidank wurde ihm nicht schlecht.

Während der Fahrt gingen mir tausend Dinge durch den Kopf. Trotz aller Zweifel empfand ich eine gewisse Zufriedenheit und auch ein wenig Stolz.

Nach fast fünf Jahren war ich endlich kurz davor, ein Pflegekind zu haben.

Nach 20 Minuten Fahrt erreichten wir den See. Ein eisiger Wind empfing uns, und mir wurde schnell klar, dass wir nicht allzu lange dortbleiben konnten. Daniel war – wie bisher eigentlich immer – viel zu dünn angezogen. Er kletterte aus dem Auto und rannte ans Ufer. Weil das Wetter so schneidend kalt war, war kein Mensch zu sehen. Keine Kinder auf der Rodelbahn.

Durch das häufige Auftauen und Wieder-Zufrieren hatten sich in den letzten Wochen dünne Eisplatten übereinander aufgetürmt. Wenn man drauftrat, zersplitterten sie. Daniel war begeistert und trampelte auf den Eisschichten herum. Sie zerbarsten, und es splitterte und krachte. Dann fing er an, große Eisklumpen aufzuheben und in die Luft zu schmeißen. Sie zerbrachen in tausend Teile, rutschten über das Eis und machten dabei ordentlich Lärm.

Er fand es großartig.

„Uuund – peng! Uuund – krach! Uuuuund noch einer! Boah, die war heftig!"

Daniel war ganz im Rausch seiner Zerstörungswut. Er lief zum Steilufer, holte dort große Steine und schmetterte sie aufs Eis. Das fand er noch viel besser.

Dann fing es – zusätzlich zu Kälte und Wind – auch noch an zu schneien. Mir war sowieso schon ziemlich kalt vom Herumstehen und ich wollte gern ins Warme – und Daniel fror gewiss auch. Wir hatten noch anderthalb Stunden Zeit. Im Grunde blieb mir nun gar keine andere Möglichkeit, als zu meinem nahegelegenen Haus zu fahren.

Ich überlegte hin und her. Sollte ich ihn mit nach Hause nehmen? Die Zeit dafür würde für einen kurzen Besuch reichen. Was würden meine Kinder sagen? War das schon zu verbindlich? Eigentlich immer noch viel zu früh dafür.

Unser viertes Treffen!

Ich warf alle Bedenken über Bord.

„Daniel, mir ist kalt. Lass uns mal wieder zum Auto gehen."

„Nööööö. Das is cool hier. Mir is nicht kalt."

„Mir aber. Und du bist viel zu dünn angezogen."

„Bin ich gar nich!"
„Doch."
„Ich will aber nich!"
Es ging ein paarmal hin und her.
„Nein."
„Doch."
Dabei wurde er sichtlich ungehalten und schmiss die Eisklumpen immer heftiger auf die Eisfläche.

Wie viel Wut ihn ihm steckte … Ich überlegte, womit ich ihn überzeugen könnte. Ihn mir einfach unter den Arm klemmen und zum Auto gehen wollte ich nicht. So klein, wie er war, wäre das zwar kein Problem, aber es würde verständlicherweise heftigen Protest auslösen. Und ich wollte auf keinen Fall einen Konflikt aufkommen lassen. Das Eis zwischen uns schien gerade gebrochen.

„Wir könnten eine heiße Schokolade bei mir zu Hause trinken. Und ich könnte den Kamin anmachen. Dann wird dir ganz schnell wieder warm."

„Kamin …? Was is n das?"

Wusste er tatsächlich nicht, was ein Kamin ist?

„Na, so ein offener Feuerplatz im Haus. Ich habe bei mir zu Hause einen Kamin. Wir könnten jetzt hinfahren und uns aufwärmen. Es ist nicht weit."

Feuer! Das klang scheinbar sehr verlockend. Er willigte tatsächlich ein. Ich war erleichtert.

Wir fuhren zu uns nach Hause.

Daniel war von dem großen Haus natürlich sehr beeindruckt.

„Boaaaaah, eine Villa. Voll cool. Wie viele Familien wohnen hier?"

Ich erklärte ihm, dass ich mit meinen fünf Kindern darin wohne.

„So wenig Leute in so einem großen Haus?! Krass."

Es war keiner zu Hause. Vielleicht gar nicht so schlecht für das erste Mal … Nur unser Hund Don, ein Kinder liebender Bernhardiner, begrüßte uns freudig. Daniel reagierte ein wenig ängstlich auf den großen Hund.

„Don ist total lieb, der steht auf Kinder."

„Ich mag aber nur Katzen! Wir haben drei Stück."

„Ja, das weiß ich. Deine Mama hat mir mal Fotos gezeigt. Du wirst Don sicher noch liebgewinnen."

Ich bat ihn, die Schuhe auszuziehen, weil sie nass waren.

„Nööö, die sin nich nass!"

„Wir ziehen immer die Straßenschuhe aus, wenn wir nach Hause kommen. Das kennst du doch aus der Kita und aus der Schule."

Widerwillig entledigte er sich seiner Schuhe, kippte sie dabei aber aus. Aus jedem Schuh schwappte etwa ein halber Liter Wasser. Eiswasser!

„Oh. Ich bin neulich in eine Pfütze gefallen, die Schuhe sind noch n bisschen nass."

Ein wenig?! Der ganze Flur schwamm.

„Hast du denn keine anderen Schuhe?"

„Nöööö. Nur die hier. Wieso? Ich finde, es is nich so kalt. Es is nich schlimm."

Draußen waren eisige minus zehn Grad – und er hatte die ganze Zeit diese komplett wasserdurchtränkten Schuhe an!

Erst jetzt sah ich, dass die Hosenbeine ebenfalls fast bis oben hin durchnässt waren. Ich hatte es vorher nicht bemerkt, und er hatte nichts gesagt. Dabei musste er doch eigentlich vollkommen durchgefroren sein.

Ich zog ihm das ganze nasse Zeug aus. Er protestierte heftig. Und ich hatte nichts, was ich ihm anziehen konnte. Kein Kleidungsstück, was ihm auch nur annähernd gepasst hätte. Auf diese Situation war ich definitiv nicht vorbereitet gewesen.

Ich nahm ein paar Kniestrümpfe von mir und zog sie ihm über. Das war ihm unangenehm, und es dauerte eine Weile, bis er einwilligte. Dann gab ich ihm noch eine Decke, um sich darin einzuwickeln.

„Das sieht doch voll blöd aus!"

„Egal, hier sieht dich keiner. Du willst doch nicht krank werden?!"

„Is mir egal."

Ich gab ihm ein Kinderbuch in die Hand, um ihn kurz zu beschäftigen. Steckte seine Kleidung in den Trockner, stopfte die Schuhe mit

Papier aus und stellte sie auf die Heizung. Dann kochte ich ihm einen heißen Kakao.

Währenddessen rannte er aber schon durchs ganze Haus. In der Unterhose.

Nach oben. Unten. Hinten. Vorne. Türen auf. Schränke auf. Schubladen auf. Bücher aus den Regalen ziehen. Das konnte ja heiter werden ... Aber ich wollte ihn beim ersten Mal auch nicht gleich ausbremsen. Also drückte ich beide Augen zu, atmete tief durch und ließ ihn durchs Haus toben.

Dann wollte er natürlich zum Kamin und fragte nach dem Feuer. Ich zeigte ihm, wie er das Holz stapeln sollte, und er durfte es dann auch im Kamin anzünden. Er war begeistert.

Und ich auch.

Wir waren uns wieder ein wenig nähergekommen.

Eine Stunde später musste ich ihn wieder nach Hause bringen. So war es verabredet. Damit war er nun aber gar nicht einverstanden. Er wollte noch bei mir bleiben und weiter zündeln.

Das Eis war gebrochen.

Der Nachmittag war ganz offensichtlich ein voller Erfolg.

Als ich ihn zu Hause abgeben wollte, war wieder niemand da, der ihn in Empfang nahm. Daniel klingelte, die Stimme rief von oben, er solle rauf kommen – und schon war das Fenster wieder zu.

Keine Möglichkeit für mich, vielleicht einige Dinge zu besprechen – und vor allem, ein neues Treffen zu vereinbaren. Ungebeten wollte ich auch nicht nach oben gehen. Und ehrlicherweise verspürte ich auch nicht allzu große Lust, in die Wohnung zu gehen. Ich konnte mir gut vorstellen, wie es dort oben aussah.

ES WIRD ERNST.

Einige Tage später rief mich Frau Breuer-Höttges an. Für Daniel sei die Situation innerhalb seiner Familie sehr schwierig und ich solle mich doch bitte mal entscheiden, wie es mit ihm und mir weitergehen könne.

Warum plötzlich so eine Eile aufkam, konnte ich nicht recht verstehen. Bisher hatte die Behörde ja zumeist eher verzögert und langsam agiert.

Frau Breuer-Höttges wollte mir gut zureden.

Mich überreden?!

„Frau Mohnsen, ich kenne Daniel schon so lange Zeit. Er ist so charmant. Er ist ein ganz besonderes Kind. Ich hätte ihn schon fast selber genommen."

„Und wieso hast du es dann nicht getan?", dachte ich mit leichtem Kopfschütteln. „Wenn er so besonders ist, warum hast du dann so lange zugeschaut, dass er in so einen schlechten Zustand gekommen ist?"

Der Übergang in die Pflegefamilie sollte so achtsam wie möglich vor sich gehen.

Mit Rücksicht auf Daniel und auch mit Rücksicht auf meine Familie.

Ich selbst war mir bei meinem Vorhaben tatsächlich nicht immer ganz sicher, ob ich es wirklich wollte. Ob es richtig war.

Je näher der Zeitpunkt rückte, desto mehr Zweifel kamen bei mir auf.

Es waren immer dieselben Bedenken:

Würde ich den Ansprüchen, die dieses Kind an mich stellen würde, genügen können?

Wäre ich ihm überhaupt gewachsen?

Er brauchte Geduld.

Verständnis.

Zeit.

Liebe.

Alles würde für mich wieder von vorne beginnen ...

Regelmäßige Essens- und Schlafenszeiten.

Hausaufgaben. Schulferien. Babysitter.

Das ganze Kinderprogramm, aus dem ich eigentlich schon heraus war.

Der Prozess der Vermittlung hatte so viel länger gedauert als geplant. Mittlerweile waren mehr als fünf Jahre vergangen.

Den täglichen Rhythmus mit jüngeren Kindern hatte ich schon lange nicht mehr. Ich arbeitete mehrere Tage in der Woche. Nur meine beiden jüngsten Söhne wohnten noch bei mir. Paul ging noch zur Schule und Simon absolvierte ein freiwilliges soziales Jahr. Die anderen drei Anna, Sarah und David waren mittlerweile alle im Studium.

Würde ich ihnen weiterhin gerecht werden können, wenn Daniel bei uns leben würde?

Mein kranker Sohn.

Meine pflegebedürftige Mutter.

Konnte ich mir das alles zutrauen?

Würde ich es schaffen?

Ein Gedankenkarussell.

Durch die kurzen Treffen hatte ich bereits eine zarte Verbindung zu Daniel aufbauen können. Ich fühlte mich beinahe schon ein wenig verantwortlich für ihn. Es erschien bereits fast unmöglich, ihn hängenzulassen und nicht bei uns aufzunehmen. Trotz der Befürchtungen, die immer wieder bei mir aufkeimten.

Er tat mir so leid.

Er war noch so klein und so schutzbedürftig.

Er hatte schon so viel Schreckliches erlebt.

Und ich würde jetzt über sein Schicksal bestimmen!

Egal wie ich mich entscheiden würde.

HOSPITATION IN DER SCHULE.

Um mir noch ein besseres Bild von Daniel machen zu können, vereinbarte ich mit Frau Breuer-Höttges, dass ich einmal an seinem Schulalltag teilnehmen würde.

Am darauffolgenden Mittwoch fand ich mich um zehn vor acht vor dem Lehrerzimmer seiner Schule ein. Frau Sommer – seine Lehrerin – begrüßte mich herzlich und wir gingen gemeinsam zum Klassenzimmer. 28 Erstklässler tobten vor und in dem Klassenzimmer herum. Frau Sommer musste sich sehr lautstark bemerkbar machen, um ihre Aufmerksamkeit zu bekommen.

Ich suchte Daniel in dem Gewusel. Als ich ihn entdeckte und wir Blickkontakt hatten, ging wieder ein freudiges Wiedererkennen über sein Gesicht. Das wiederum freute mich sehr.

Die Klasse kam ein wenig zur Ruhe. Frau Sommer begrüßte die Kinder und verteilte Arbeitsblätter, die in Zweiergruppen bearbeitet werden sollten. Ich durfte mich zu Daniel an den Tisch setzen. Er saß abseits von den anderen Kindern an einem einzelnen Tisch. Das tat mir leid, aber ich verstand sehr schnell, warum er alleine sitzen musste. Er störte die anderen Kinder und lenkte sie permanent ab.

Im Lauf des Vormittags gewann ich den Eindruck, dass Daniel überhaupt nicht still sitzen bleiben konnte. Er lief rast- und ruhelos in der Klasse herum und verweigerte die Mitarbeit.

„Total laaangweilig! – Das kann ich alles schon! – Weiß ich doch alles schon längst!"

„Mach ich nich!"

„Babykram!"

Permanent rief er in die Klasse hinein.

Statt mitzuarbeiten spielte er den Klassenclown.

Dadurch war es äußerst schwierig, den Rest der Klasse zum Arbeiten zu bringen. Die Kinder regierten darauf und waren sehr unruhig.

Es war chaotisch.
Der Chaot war Daniel.
Er ließ sich – auch mit gutem Zureden meinerseits – kaum dazu bewegen, das zu tun, was Frau Sommer verlangte.
Er plauderte weiter mit den anderen Kindern – oder auf sie ein.
Er hörte überhaupt nicht zu.
Während des Unterrichts fing er einfach an zu essen. Es war aber kein Pausenbrot, was er aß, es waren Chips. Chips aus einer offenen Chips-Tüte, die – so wie sie aussah – schon längere Zeit auf dem Boden seiner Schultasche zugebracht hatte.
Er war wirklich nur schwer zu bändigen. Ich beneidete Frau Sommer nicht – und ich bekam eine Ahnung, welche Schwierigkeiten da wohl auf mich zukommen würden.
War er überhaupt beschulbar?
Diese Problematik hatte das Jugendamt mir gegenüber beiläufig erwähnt.
Ich hatte das verdrängt.
Aber wenn dem tatsächlich so war, was würde das für Konsequenzen haben?

Ich sprach Frau Sommer in der großen Pause darauf an.
„Ich glaube schon, dass er in diese Schule gehört und nicht in eine Förderschule. Er ist auffallend schlau. Leider steht er sich aber immer selbst im Weg. Er ist der Einzige in der Klasse, der jetzt schon recht gut lesen und schreiben kann. Und das Rechnen fällt ihm ebenfalls leicht. Es fehlt ihm nur jegliche Form von Struktur und Konsequenz. Ich habe noch einige andere schwierige Kinder in der Klasse, und in dieser großen Gruppe geht er einfach unter."
Sie freue sich, dass er nun in eine neue Familie käme. Er wäre, obwohl er so schwierig sei, so ein liebenswerter kleiner Kerl.
„Er ist so herzlich und kann so charmant sein. Da verzeiht man ihm Vieles."
Sie wiederholte sich. Anscheinend war er ihr trotz allem ans Herz gewachsen.

Ich hoffte inständig, dass sein auffälliges Verhalten zu bewältigen sei, wenn er erst einmal in einem anderen Umfeld wäre.

Später – in der neuen Schule – bestätigte sich schnell, dass er wirklich schon sehr gut lesen, schreiben und rechnen konnte. Er fand es einfach zu langweilig, seitenweise Buchstaben zu malen. Deshalb verweigerte er die Mitarbeit.
 Es war ihm zu dumm!
 „Ich kann schon lesen, seit ich vier bin. Das hab ich mir selber beigebracht. In der Kita. Aber das glaubt mir ja keiner!"
 Nicht beschulbar?!
 Es hatte sich wohl keiner mit diesem besonderen Kind wirklich auseinandergesetzt!
 Vielleicht war es tatsächlich bisher niemandem aufgefallen, dass er so gescheit war?

Dieser gemeinsame Schultag mit Daniel hatte ihn mir wieder etwas nähergebracht. Ich musste mich nun wirklich endlich entscheiden, ob er tatsächlich zu uns kommen würde. Aber es kamen mir wieder und wieder Zweifel, ob es wirklich die richtige Entscheidung war.
 Ob ich mich und meine Familie mit Daniel komplett überfordern würde?
 Mein kranker Sohn.
 Meine kranke Mutter.
 Immer wieder die gleichen Gedanken.
 In meinem Kopf spielten sich alle möglichen Szenarien ab.
 Jedes Für und Wider wurde abgewogen.
 Meine Kinder sprachen sich grundsätzlich weiterhin dagegen aus. Und der Großteil meiner Freunde ebenfalls.
 „Da holst du dir eine Laus in den Pelz! Lass das bloß sein!"
 „Musst du dir das jetzt auch noch antun? Du hast doch schon genug am Bein!"
 Diese Reaktionen irritierten mich, aber ich fand für alle Argumente immer entsprechende Gegenargumente.

Ich ignorierte die gut gemeinten Ratschläge und dachte mir, dass sie alle einfach nicht über den Tellerrand schauen und aus ihrer Komfortzone herauskommen wollten – oder konnten.

In dieser gesellschaftlichen Schicht ist man es nicht gewöhnt, sich mit „solchen Leuten" abzugeben.

Und will es auch nicht.

ICH MUSS MICH ENTSCHEIDEN.

Dann rief mich Frau Breuer-Höttges an und teilte mir mit, dass nun auch die vier verbliebenen Kinder zu ihrem Wohl in Obhut genommen worden seien. Die häusliche Situation sei einfach nicht mehr haltbar gewesen. Körperliche Gewalt und Vernachlässigung hätten überhandgenommen. Daniel und seine ältere Schwester Celina seien nun im Astrid-Lindgren-Haus untergebracht worden. Die beiden kleineren Geschwister Leon und Maja in einem anderen Heim, das speziell auf jüngere Kinder ausgerichtet sei. Es müsse nun meine Entscheidung her.
Schnellstmöglich.
Wir vereinbarten einen Termin zur Besprechung der Details.
Mir wurde gewissermaßen die Pistole auf die Brust gesetzt.

Ehrlicherweise kann ich heute nicht mehr sagen, ob ich morgens aufgewacht bin und mich für Daniel entschieden habe oder ob ich einfach über meinen Schatten gesprungen bin und Ja gesagt habe. Augen zu und durch – um dem Gedankenkarussell in meinem Kopf endlich ein Ende zu setzen, um nicht mehr nachdenken zu müssen.
Ich weiß es nicht mehr.
Frau Breuer-Höttges sagte: „Großartig!"
Und ich dachte: „Oh Gott!"

Wir suchten nach einem passenden Termin für den Übergang.
Dafür bot sich der Beginn des neuen Schulhalbjahrs nach den Ferien an. Das würde allerdings bedeuten, dass Daniel noch vier Wochen bei seiner Schwester im Heim bleiben müsste.
Für ihn kein sehr schöner Zustand, aber für mich bedeutete es noch eine gewisse Schonfrist. Zeit, um mich und meine Kinder – uns – noch einmal mental auf diese Veränderung vorzubereiten. Noch einmal alleine als Kernfamilie in die Ferien zu fahren. Ich hatte große Bedenken, wie meine Kinder meine Entscheidung aufnehmen würden.

Frau Breuer-Höttges und ich vereinbarten, dass Daniel in dieser Übergangszeit weiterhin den Mittwochnachmittag bei mir verbringen sollte. Zusätzlich würde er an den Wochenenden jeweils eine Nacht bei uns bleiben.

* * *

Zum ersten Mal eine Nacht bei uns. Ich atmete tief durch, als ich das Jugendamt verließ. Nun würde alles seinen Lauf nehmen. Okay ...

Daniels ältere Schwester Celina tat mir leid. Sie würde im Heim bleiben müssen.

Allein.

Selten findet man Pflegeeltern für Kinder in diesem Alter. Sie war ja „schon" elf. Da ist die Angst zu groß, dass das Kind schon viel zu viel Schlechtes erlebt hat.

Die beiden kleinen Geschwister waren wenigstens zusammen im Heim. Pflegeeltern? Wer nimmt schon gleich zwei Pflegekinder im Alter von vier und sechs Jahren mit all der Problematik, die dahintersteht?

Für Daniel musste nun die passende Schule gefunden werden. Aufgrund seiner Verhaltensauffälligkeiten schien gar nicht so sicher zu sein, dass er überhaupt normal beschulbar ist. Aber es gibt ja die Inklusion an den Schulen und Kindergärten in Deutschland.

Somit dürfte es doch kein Problem sein, Daniel in die erste Klasse der Grundschule unseres Stadtteils Rodenkirchen einzuschulen?!

Dachte ich.

Aber es wurde schwieriger, als ich vermutete.

Meine Kinder waren vor Jahren auch in diese Schule gegangen. Ich kannte noch einige Lehrer und stand mit ihnen noch immer ein wenig im Kontakt. Das schien mir eine gute Voraussetzung zu sein, um dort ein mir fremdes Kind anzumelden.

Es war mir wichtig, dass Daniel in diese Schule gehen konnte, damit er mit seinen Klassenkameraden einen gemeinsamen Schulweg haben würde. In unserer Nachbarschaft wohnten viele Familien mit Kindern. So könnte er sich nachmittags nach der Schule auch mit ihnen verabreden. Neue Freunde im gleichen Alter – in der direkten Nachbarschaft – würden gerade jetzt in seiner neuen Lebenssituation ganz besonders wichtig sein. Daniel kam ja aus einer großen Familie mit vielen Kindern. Vermutlich würde er sich bei uns einsam fühlen. Meine eigenen Kinder waren ja – durch die lange Wartezeit auf ein Pflegekind – nun deutlich älter als Daniel. Er brauchte Spielkameraden. Das würde für ihn und mich vieles leichter machen.

So dachte ich ... Aber unsere Grundschule verweigerte die Aufnahme von Daniel. Ich hatte versucht, ihn dort auf ganz normalem Weg anzumelden. Die Begründung war, dass für einen neuen Schüler leider zurzeit kein Platz mehr frei sei.

Wie konnte das sein? Wenn jemand umzieht, müssen die Kinder doch auch am neuen Wohnort in die Schule gehen können?!

Ich hatte die Vermutung, dass die Schulleitung kein Kind aus einem sozialen Brennpunkt aufnehmen wollte. Dadurch eventuell entstehenden Problemen sollte so vorgebeugt werden. In diesem Stadtteil lebt schließlich die gehobene Mittelschicht.

Ich frage mich wirklich, ob diese Problematik um einen Platz an der Schule aufgetreten wäre, wenn ein Vorstandsmitglied eines großen Konzerns für seine drei Kinder um Schulplätze angefragt hätte.

Aber das ist natürlich nur eine Vermutung.

Jedes Kind hat ein Anrecht auf einen Platz in der Schule, die seinem Wohnort am nächsten ist. So sieht es der Gesetzgeber grundsätzlich vor.

Da dies für Daniel auf dem normalen Weg offensichtlich nicht umzusetzen war, bat ich das Jugendamt, sich dafür einzusetzen.

Daniel hatte aufgrund seiner sozial-emotionalen Auffälligkeiten einen Inklusionsstatus erhalten.

Inklusionskinder haben einen Behindertenstatus. Diese Behinderung kann auf verschiedenen Ebenen vorhanden sein – körperlich, geistig oder auch psychisch. Ziel ist es, dass diese Kinder statt einer Förderschule eine Regelschule besuchen können. Und um das gewährleisten zu können, werden Inklusionshelfer eingesetzt. Allerdings ist das Prinzip der Inklusion umstritten, da es an vielen Stellen an Hilfsmaterial, den entsprechenden Räumlichkeiten und ausgebildetem Personal fehlt.

Doch durch eben diesen Inklusionsstatus und den Antrag des Jugendamts war die Anmeldung von Daniel dann tatsächlich kein Problem mehr.

* * *

Wenn ich heute so darüber nachdenke, kann ich mich überhaupt nicht daran erinnern, dass irgendjemand mit Daniel irgendwann einmal irgendwie darüber gesprochen hat, was denn nun tatsächlich mit ihm passiert. Wohin die Reise für ihn geht.

Ich habe es auch nicht getan.

Ein siebenjähriger Junge, der in einer schwierigen Familiensituation aufwachsen muss.

Schon mit vier Jahren wird er für drei Monate zur Kur in ein Kinderheim gesteckt.

Weil die familiäre Problematik zu groß ist. Er zeigt Verhaltensauffälligkeiten.

Schon nach kurzer Zeit möchte er in dem Heim bleiben, weil er fühlt, dass er dort zur Ruhe kommt.

Das ist aber aus Platzmangel nicht möglich, und so kommt er wieder in die eigene Familie zurück.

Die häusliche Situation eskaliert schnell wieder.

Nach kurzer Zeit findet sich eine Pflegefamilie, die ihn aufnimmt.

Auch hier möchte er gerne bleiben.

Er fühlt sich wohl.

Die Pflegefamilie aber schafft den Alltag mit ihm nicht, und nach drei Monaten wird er wieder in seine Familie zurückgeschickt.

Einige Monate später bricht die häusliche Konstellation vollkommen zusammen.

Daniel wird von einem Teil seiner Geschwister getrennt und wieder in ein Heim gesteckt.

Und nun sollte er zu uns kommen!

Was für eine Odyssee für ein so junges Menschenkind in so einem kurzen Zeitraum!

WEITERE TREFFEN.
ERSTE ÜBERNACHTUNG.

Die Mittwochsbesuche fanden regelmäßig statt, und Daniel und ich entwickelten allmählich ein freundschaftliches Verhältnis. Er war mir gegenüber zwar immer noch sehr zurückhaltend, aber ich merkte, dass er sich freute, wenn ich ihn abholte.

Wir hatten fast immer nur drei Stunden zur Verfügung. Vom Schulende um 15 Uhr bis zur Abgabe zu Hause um 18 Uhr. Das war mit An- und Abfahrt kein großes Zeitfenster. Aber vielleicht war es für den Anfang auch gar nicht so schlecht, dass wir nur so wenig Zeit zur Verfügung hatten? Diese zwei Stunden waren für ihn, aber auch für mich sehr anstrengend.

Ich nahm ihn mit zum Einkaufen und zum Besuch meiner Mutter im Pflegeheim. Ich nahm ihn mit in den Pferdestall. Zu Hundespaziergängen. Da es ein kalter Winter war, lag noch immer Schnee. Wir gingen zum Schlittenfahren auf die Rodelbahn. Ich zog ihn auf dem Weg dorthin auf dem Schlitten hinter mir her, das fand er großartig.

***

Es gibt eine lustige Geschichte aus dieser Anfangszeit. Daniel saß auf seinem Kindersitz im Auto und hatte eine Flasche Apfelsaftschorle in der Hand. Im Rückspiegel beobachtete ich, wie er abwechselnd trank, mit der Flasche spielte, Tropfen herausrinnen ließ und diese mit den Händen zerrieb. Ich ermahnte ihn, damit aufzuhören. Dann sah ich, wie er anfing, mit seinen – nun sicher sehr klebrigen – Händen auf dem beschlagenen Seitenfenster hin und her zu wischen. Ich sagte ihm, er solle das lassen, seine Hände seien doch von dem süßen Saft ganz klebrig und die Scheibe werde total schmierig. Daraufhin schaute er sich die Flasche an und antwortete mir:

„Hier steht doch drauf, dass das zuckerfrei ist. Da kann doch gar nichts klebrig sein!"

Ich musste trotz der Schweinerei herzlich lachen. Seine Logik gefiel mir. Und: Er konnte tatsächlich schon richtig gut lesen!

Ich merkte auch schnell, dass Daniel ein großes Herz für andere Menschen hat. Für Armut und für Leid. Viel Empathie.

An einem unserer Mittwochnachmittage fuhren wir durch die Stadt. Es war nass, kalt – ungemütlich. Daniel wurde auf die Obdachlosen aufmerksam, die auf den Gehwegen saßen. Ich konnte regelrecht sehen, wie es in seinem Kopf arbeitete.

„Das ist doch voll ungerecht, dass da Menschen auf der Straße sitzen und frieren müssen! Warum tut denn niemand was für die?"

„Weißt du," antwortete ich, „unser Staat tut schon etwas für diese Menschen. Ein Bus bringt ihnen medizinische Hilfe. Es gibt eine Organisation, die ihnen eine warme Mahlzeit und Decken bringt. Und es gibt auch Obdachlosenheime, wo sie übernachten können."

„Wieso leben die denn überhaupt auf der Straße?"

„Die meisten haben irgendwann die Kontrolle über ihr Leben verloren. Vielleicht sind sie krank geworden. Vielleicht haben sie einfach nur Pech gehabt. Vielleicht haben sie ihre Arbeit verloren. Dann konnten sie ihre Miete für die Wohnung nicht mehr bezahlen und sind halt irgendwann auf der Straße gelandet. Aber auch auf diesem Weg haben sie immer noch viel Hilfe vom Staat. Hast du schon einmal etwas von Hartz 4 gehört?"

Ich suchte nach weiteren Erklärungen. Eine Weile still war es still im Auto.

Dann – ich ahnte es schon – fragte er:

„Meinst du solche Menschen wie meine Mama?"

In diese Richtung wollte ich das Gespräch eigentlich nicht führen. Aber nun gab es kein Zurück mehr, wenn ich ehrlich bleiben wollte.

Also antwortete ich ihm: „Ja, im Grunde auch solche Menschen wie deine Mutter. Da sie nicht arbeitet, bekommt sie Geld vom Staat zum

Leben, zum Wohnen und früher auch für euch fünf Kinder. Wir wollen hoffen, dass sie mit ihrer jetzigen Situation sorgsam umgeht und nicht auf der Straße landet."

Daniel wurde sehr nachdenklich. Ausnahmsweise hatte er mal keinen Kommentar auf Lager.

Unsere gemeinsamen Nachmittage waren sehr aufregend für ihn. All die Dinge, die wir miteinander unternahmen, hatte er so noch nicht erlebt. Er konnte nicht lange still sitzen, sprang ständig auf, rannte planlos herum und redete wie ein Wasserfall. Ohne Punkt und Komma. Oft auch ohne Sinn. Er las mir alles vor, was er lesen konnte. Autokennzeichen. Werbung. Ladenschilder. Texte von Litfaßsäulen. Einfach alles.

Es war nervenaufreibend.

Mit ihm im Supermarkt einzukaufen war ein absolutes Abenteuer. Als ich bei unserem ersten Treffen mit ihm etwas zu essen kaufte, war mir das noch nicht ganz so aufgefallen, aber ich bekam schon eine Ahnung. Im Laden blieb er nicht in meiner Nähe, sondern rannte durch die Gänge mit den Lebensmitteln. Stapelte irgendwelche Dosen aufeinander, oder stieß – aus Versehen – schon gestapelte Dosen um.

„Oh. Mist."

Weg war er – im nächsten Gang.

Oder er spielte so lange mit der elektrischen Eingangstür, bis diese blockierte und der Alarm ansprang.

Ich versuchte immer wieder, ihn bei mir zu behalten und erklärte ihm, dass er sich so nicht verhalten könne. Aber es war zwecklos. Er war nicht in der Lage, dem nachzukommen, und er wollte es auch gar nicht.

„Wiesooo? Das ist doch nicht schlimm! Es regt sich doch niemand auf!"

„Doch! Ganz sicher!"

„Nööö."

Tatsächlich reagierten einige Menschen auch verständnisvoll.

„Ach, das ist doch nicht schlimm, er ist ja noch so klein und so niedlich."

Dann grinste er mich spöttisch an.

„Siehste! Is gar nich schlimm. Was du immer hast."

Es konnte aber auch anders gehen.

„Sagen Sie mal, können Sie vielleicht mal auf Ihr Kind aufpassen? Das kann doch nicht wahr sein!"

Mit hochrotem Kopf verließ ich den Laden. Daniel hinter mir herziehend.

Er ließ sich natürlich auch nicht an die Hand nehmen.

„Lass mich! Ich bin doch kein Baby mehr!"

Es war mir sehr peinlich, denn man kannte mich in einigen Läden als Kundin. Und ich konnte in den Gesichtern der anderen Kunden und der Ladenmitarbeiter genau sehen, was sie dachten.

„Ist die Frau nicht in der Lage, ihr Kind zu bändigen?!"

Nein! Das war ich tatsächlich nicht!

Ich entschuldigte mich ununterbrochen überall.

Und erntete absolute Verständnislosigkeit.

Kopfschütteln.

Daniel sprach hemmungslos und völlig respektlos wildfremde Menschen an. Wenn ich ihn dann zurückrief und ihm sagte, dass das nicht in Ordnung sei, sah er das überhaupt nicht ein.

„Wieso? Warum kann ich nicht mit denen reden? – Das ist doch nett. Die freuen sich doch!"

„Ja, Daniel. Aber nicht alle Menschen finden das gut. Und vor allem nicht in diesem Ton."

Trotzdem reagierten auch hier manche Menschen ganz anders als vermutet.

„Lassen Sie ihn doch! So ein aufgeschlossenes Kind! Das erlebt man heute nur noch selten."

Triumphierend grinste er mich an und zuckte mit den Schultern.

Gerne zeigte er mir auch mal den Mittelfinger.

Natürlich gab es auch Leute, die ärgerlich reagierten, weil er so respektlos war.

Denen zeigte er auch den Mittelfinger.

Auf dem Heimweg von unseren Unternehmungen war er meistens völlig erschöpft von den vielen neuen Eindrücken und schlief im Auto ein. Nur mit Mühe bekam ich ihn wach, wenn wir ankamen.

Es blieb dabei, dass ich ihn zur Haustür brachte und keinerlei Kontakt zur Mutter oder irgendjemandem anderen von Familie Wittke hatte. Die Tür wurde durch den Türdrücker geöffnet und Daniel verschwand nach oben. Es war auch nach wie vor so, dass er sich nicht von mir verabschiedete. Er ging einfach. In so einer Situation erschien er mir vollkommen emotionslos. Aber er hatte ja auch nie gelernt, dass man sich begrüßte und verabschiedete.

Was erwartete ich?!

Für mich war jedoch klar, dass ich ihn mit diesem Verhalten zumindest in Rodenkirchen, meinem Wohnort, vorerst noch nicht zum Einkaufen mitnehmen konnte.

Was also tun?

Von Anfang an zeigte er sich von allem, was mit Handy, Computer, Fernsehen, X-Box und Spielkonsolen zu tun hatte, magisch angezogen. Ich hatte vom Jugendamt gehört, dass sich seine ganze Familie wohl die meiste Zeit des Tages mit diesen Medien beschäftigte. Der Fernseher lief Tag und Nacht.

Klar, dass er das nun vermisste.

Mein Hilfsmittel, um ihn ruhig zu halten, wurde mein Handy. Ich hatte einige Kinderspiele heruntergeladen. Wenn ich nun mit ihm in ein Geschäft ging, suchte ich irgendwo eine Nische, wo er sich hinsetzen konnte, und gab ihm mein Handy zum Spielen. Oder ich ließ ihn gleich im Auto sitzen und er spielte dort.

Anfangs hatte ich Angst, dass er weglaufen würde, wenn ich ihn da so alleine ließ. Aber ich merkte ziemlich schnell, dass er vollkommen auf das Spielen fixiert war.

Es hätte eine Bombe neben ihm einschlagen können – er hätte es kaum bemerkt.

Ich hatte auch Sorge, dass ihn jemand Fremdes ansprechen würde oder gar mitnahm. Aber er war so unfreundlich und gereizt, wenn man ihn beim Spielen störte, dass die Wahrscheinlichkeit sehr gering war, dass ihn jemand mitnehmen würde. Daniel hatte eine so selbstbewusste Ausstrahlung und Präsenz, dass ich mir dachte, er sei für einen Pädophilen wohl eher abschreckend. Ihn würde keiner freiwillig mitnehmen – beziehungsweise er würde sich gar nicht mitnehmen lassen.

Die Taktik mit dem Handy war pädagogisch nicht sehr wertvoll. Aber es war meine Rettung! Leider hatte sie auch Nachteile. Denn Daniel beließ es nicht beim Spielen, er machte sich an allen möglichen Einstellungen und Daten meines Handys zu schaffen.

Telefonnummern verschwanden.

E-Mails verschwanden.

Apps verschwanden.

Dafür tauchten immer wieder neue Spiele auf meinem Handy auf.

Es wurde – aus Versehen – nach Amerika telefoniert. Er verstand gar nicht, dass das Geld kostete.

Meine Fotos wurden bearbeitet und verändert.

Er fand das witzig.

Ich nicht.

Ich nahm das alles zähneknirschend in Kauf, weil es ihn für eine gewisse Zeit ruhigstellte.

Als Daniel das erste Mal bei uns übernachtete, hatte ich meine Kinder natürlich darauf vorbereitet. Ich war allerdings nicht ganz ehrlich. Ich sagte, er würde probeweise bei uns übernachten. Stimmte ja irgendwie.

Ich hatte nicht den Mut, die Tatsache laut auszusprechen, und wollte Diskussionen und Streit vermeiden. Dies vor allem, weil ich selbst im Innersten anhaltende Zweifel hegte und noch immer nicht genau wusste, wo und wie das alles enden sollte. Es war, als würde ich mir selbst konstant noch einen kleinen Notausgang offenhalten.

Ja, ich wollte seit Jahren ein Pflegekind aufnehmen.

Und nun war es tatsächlich so weit.

Aber es war alles so anders, als ich mir das vorgestellt hatte.

Vielleicht beging ich nun einen riesigen Fehler?
Würde ich meine Kinder damit vollkommen aus der Bahn werfen?
Würde ich Daniel gerecht werden?
Was, wenn ich scheitern würde?
Daniel war so unzugänglich.
Kaum in den Griff zu kriegen.
Daniel war ... speziell!
Ich besaß zwar viel Erfahrung mit Kindern. Aber nicht mit Kindern wie Daniel!
Nun gut, zur Probe also.
Übernachtung bei uns.

Da es „zur Probe" war, hatte ich noch kein Zimmer speziell für ihn vorbereitet. Er sollte im Zimmer meines ältesten Sohns David schlafen. Das Zimmer war zu der Zeit frei, weil David in Berlin studierte. Es war das größte Kinderzimmer und darin stand ein Doppelbett. In den Regalen standen die Bücher meines Sohns. Den Schreibtisch räumte ich frei. Das Bett bezog ich mit einer Kinderbettwäsche mit bunten Motiven. Auf dem Bett drapierte ich einige Kuscheltiere, und vor das Bett stellte ich eine Spielzeugkiste mit Duplo, der Lego-Version für jüngere Kinder. Und eine weitere Kiste mit Büchern für Erstklässler.

All diese Dinge hatte ich im Keller aufgehoben, da ich mich ja schon seit Jahren auf das Pflegekind vorbereitet hatte. Außerdem hatte ich mich bei Freunden umgehört, ob jemand noch Kindersachen übrig hatte. Und man spendete bereitwillig – kopfschüttelnd über mich und mein Tun.

Da ich nicht wusste, was er wohl mitbringen würde, hatte ich einige Basics gekauft.
Zahnbürste.
Kinderzahnpasta.
Kindershampoo.
Kinderschaumbad.
Schlafanzug.
Jeans.

T-Shirt.
Pullover.
Unterwäsche.
Socken.
Schuhe.
Schuhe? Welche Größe er wohl hatte? Ich kaufte auf Verdacht ein Paar Hüttenschuhe und ein paar Sneaker. Notfalls würde ich es halt alles umtauschen müssen. Ich wollte auf alles vorbereitet sein. Das Erlebnis, dass er patschnass war und ich keine Kleidung für ihn hatte, sollte sich nicht wiederholen.
Ich war aufgeregt. Und ich freute mich auch.

***

Am besagten Freitag holte ich ihn um 14 Uhr an der Schule ab. Die Schultasche hatte er dabei. – Aber das war es auch. Kein Übernachtungsgepäck. Kulturbeutel? Kuscheltier?
Nichts!
Kein Problem, ich war ja jetzt gut gerüstet.
Sicher gab es im Heim wichtigere Dinge zu organisieren.
Aber ein Kuscheltier wäre vielleicht doch hilfreich und nett für ihn gewesen?!
Unser Begrüßungsritual hatte sich schon eingespielt.
„Hey Daniel! Wie geht es dir?"
„Gut!"
„Freust du dich?"
„Ja."
„Worauf hast du Lust?"
„Keine Ahnung."
„Überleg doch mal."
„Is mir egal."
Kurz. Einsilbig. Schroff.

Wir fuhren zu mir nach Hause. Das Autofahren klappte mittlerweile widerspruchslos. Zu Hause angekommen, zeigte ich ihm das Zimmer, in dem er schlafen würde. „Sein" Zimmer.

„Boooooaaah! Is ja riesig! Voll cool!"

Wie schön! Ein Kompliment! Endlich einmal eine positive Äußerung!

Bei ihm zu Hause teilten sich vier Kinder ein Zimmer, in dem zwei Stockbetten standen.

Sein Blick fiel auf die Kiste mit Lego. Finsterer Blick!

„Ich bin doch kein Baby mehr! Das ist Duplo."

Mist! Er lag altersmäßig genau zwischen Duplo und Lego.

„Oh, sorry. Ich habe im Keller auch noch Lego. Das können wir austauschen."

„Hast du viel davon? Ich will viel davon."

„Eine Kiste."

„Das is zu wenig!"

Sein Ton war sehr forsch und herausfordernd.

Respektlos.

Aber egal. Ich ging in den Keller, um das andere Lego zu suchen.

Als ich wieder nach oben kam, war er weg. Ich rief ihn. Keine Antwort. Ich rief lauter.

Nichts.

Ich begann zu suchen. Fünf Kinderzimmer. Wohnzimmer. Arbeitszimmer. Esszimmer. Küche. Im Keller konnte er ja wohl nicht sein, da kam ich ja gerade her. Aber auch da schaute ich noch einmal nach. Und wurde ein wenig panisch. War er weggelaufen? Ich konnte ihn noch so wenig einschätzen.

Schließlich fand ich ihn im obersten Stockwerk im Gästezimmer. Vollkommen versunken vor dem Fernseher. Ich war mittlerweile leicht gereizt.

„Ich hab dich überall gesucht. Warum antwortest du mir nicht?"

„Ich hab nix gehört."

Er drehte sich noch nicht einmal zu mir um, während wir sprachen.

Ich fand es schon etwas dreist, dass er sich völlig hemmungslos durch das fremde Haus bewegte und dann einfach den Fernseher anmachte.

Aber was erwartete ich?!
Ich ließ die Situation auf sich beruhen.
„Was magst du zu Abend essen?"
„Egal. Keine Ahnung."
„Sag doch mal, was isst du zu Hause abends?"
„Ich nehm mir was, wenn was da ist."
So kamen wir nicht weiter.
Ich schlug Nudeln mit Ketchup vor. Das war unverfänglich, und das mag wohl jedes Kind.
„Okay."
Am Ende aß er drei Teller davon. Wer weiß, wie lange er nichts gegessen hatte.

Ich hatte den Eindruck, dass es ihm an Körpergefühl fehlte. Als er die komplett nassen, wassertriefenden Schuhe bei minus zehn Grad anhatte, bemerkte er die Kälte gar nicht. Und auch über Hunger klagte er nicht.
Eine Dusche oder ein Bad könnten nicht schaden, dachte ich, und schlug es ihm vor.
„Nö, wir duschen nur einmal in der Woche."
„Man kann das durchaus auch öfter machen."
„Nööö."
„Komm, ich zeig dir das Bad, dann kannst du es dir noch einmal überlegen."
Widerwillig folgte er mir.
Wir hatten eine ziemlich große Badewanne. Was ihn aber noch mehr faszinierte, waren ein Schnorchel und eine Taucherbrille, die an einem Haken an der Wand hingen. - Überbleibsel aus Sommertagen, die den Weg in den Keller noch nicht gefunden hatten.
„Oh, cool! Kann ich die haben und damit in die Wanne?"
„Klar."
Ich ließ Wasser ein und gab eine große Portion Schaumbad dazu.
„Kannst du rausgehen? - Und komm bloß nicht rein!"
„Ja, aber du musst aufpassen, dass die Wanne nicht überläuft!"
Ich verließ mich darauf und legte ihm ein Handtuch und einen Schlaf-

anzug hin. Nach zehn Minuten klopfte ich und wollte das Wasser doch lieber selbst ausmachen. Sicher war sicher.

„Du sollst nich reinkommen!"

„Okay. Dann mach das Wasser aus."

Das Wasserrauschen hörte auf.

Ich ging runter ins Wohnzimmer. Meine beiden jüngeren Söhne waren mittlerweile auch zu Hause angekommen.

„Ist der da?"

„Der heißt Daniel! – Ja."

„Wie lange bleibt der?"

„Daniel bleibt nur bis morgen. Erstmal nur für eine Nacht."

Zur Probe ...

Daniel badete fast eine Stunde. Dann erschien er unten im Wohnzimmer. Patschnasse Haare. Abgetrocknet hatte er sich definitiv nicht, denn er hinterließ tropfnasse Fußspuren auf seinem Weg zu uns. Aber er hatte seinen Schlafanzug an.

„Hallöchen", sagte er und setzte sich einfach zwischen uns vor den Fernseher, als wäre das schon immer so gewesen.

Meine Jungs waren nett und begrüßten ihn.

„Hallo Daniel."

Dann schauten alle auf den Fernseher und riskierten hin und wieder einen versteckten Blick aufeinander. Das war's. Das erste Kennenlernen.

Ich atmete auf. Es war durchaus besser gelaufen, als ich befürchtet hatte.

Ich ging nach oben und holte ein Handtuch, um Daniel zumindest noch die Haare trockenzurubbeln.

Gegen acht Uhr schickte ich ihn ins Bett. Er protestierte zwar ein wenig, aber ich erlaubte ihm, noch ein bisschen in der Bücherkiste vor seinem Bett zu stöbern. Als ich nach einer Stunde nach ihm sah, schlief er völlig entspannt. Wie ein Baby. Ein offenes Buch lag auf seinem Bauch. Er sah in dem großen Bett und in dem großen Zimmer winzig aus. Und tat mir plötzlich wieder sehr leid.

Armer kleiner Kerl.
Ich würde gut für ihn sorgen und auf ihn aufpassen.

Am nächsten Morgen, als ich aufwachte und als Erstes nach ihm schaute, war er nicht in seinem Bett. Ich fand ihn im Wohnzimmer vor dem Fernseher. Wie lange saß er wohl schon dort? Ich hatte nichts gehört.
„Wir gucken zu Hause immer Fernseher. Der is den ganzen Tag an."
Okay.
Nur schwer konnte ich ihn überreden, auszumachen, sich anzuziehen und zum Frühstück zu kommen.
Sobald der Fernseher ausgeschaltet war, lief Daniel rast- und ruhelos durchs Haus. Es war so ähnlich wie in dem Supermarkt. Er lief durch alle Räume.
Oben. Unten. Hinten. Vorne. Dachboden. Keller. Balkon.
Öffnete wahllos die Schränke und Schubladen.
Holte den Inhalt heraus, ließ ihn irgendwo liegen und räumte ihn nicht wieder zurück.
Rannte in den Garten.
Die Haustür blieb weit offen. Der Hund lief hinterher. Draußen war es saukalt.
Kam mit dreckigen Schuhen wieder rein. Vergaß, die Haustür wieder zuzumachen.
Es war schlichtweg extrem anstrengend.
Das Duplo hatte ich zwar gegen Lego ausgetauscht, aber ich hatte eindeutig zu wenig Steine. Die Bücher interessierten ihn überhaupt nicht.
„Die sin was für Babys!"
Es waren altersgemäße Leselernbücher. Einfache Sätze, auf jeder Seite drei mit entsprechenden Bildern als Unterstützung. Wenn ihn das langweilte, konnte er wohl doch schon viel besser lesen, als wir es alle vermutet hatten.
„Langweilig! Mir is laaangweilig!"
Er maulte und quengelte vor sich hin.
Bevor er richtig bei uns einzog, musste ich noch einiges verändern.

Wir brauchten unbedingt mehr Spielzeug und Bücher.
Und alles musste intellektuell anspruchsvoller sein.

Mir blieb an diesem Wochenende als Alternative zum Fernsehen nur, ihn an meinen Computer zu lassen. Ich bat meine Jungs, einige altersgerechte Spiele für Daniel hochzuladen. Das taten sie bereitwillig, denn wir waren alle binnen kürzester Zeit komplett genervt von der Unruhe, die Daniel verbreitete.

„Der ist total nervig. Zieht der wirklich bei uns ein?"

Ich antwortete ausweichend: „Ja, wahrscheinlich schon. Aber wenn er sich an uns gewöhnt hat, wird er sicher ruhiger."

Kaum saß Daniel am Computer, trat sofort Ruhe ein.

Von dieser getriebenen Unruhe hatte mir bisher niemand berichtet.

Am Nachmittag machten wir noch einen Ausflug zur Rodelbahn. Leider war der Schnee schon größtenteils verschwunden, aber das Rodeln ging gerade noch. Daniel genoss es, und ich fand es schön, dass wir etwas gemeinsam machten. Dann aßen wir zu Hause noch ein Stück Kuchen, tranken einen heißen Kakao – und schon war es wieder an der Zeit, ihn wie verabredet ins Heim zurückzubringen.

Auf der Fahrt wollte ich wissen, ob es ihm bei uns gefallen habe.

„Ja. War ganz okay. Die Badewanne und der Kamin sin das Beste!"

Im Heim wurde er von den anderen Kindern mit großem Hallo empfangen. Er drehte sich noch nicht einmal um, um sich von mir zu verabschieden.

Ich begann, mich daran zu gewöhnen.

Alles in allem war dieses erste Übernachten schon ein kleiner Erfolg. Meine Jungs hatten Daniel halbwegs akzeptiert. Daniel hatte sich einigermaßen an unseren Tagesablauf angepasst. Hatte geschlafen, gegessen und gespielt. Mehr durfte ich wohl auch noch nicht erwarten.

Es hätte auch ganz anders sein können.

Dass er nicht eingeschlafen wäre.

Oder die ganze Nacht weinte.
Oder ins Bett machte.
Oder weggelaufen wäre.
Wir kannten uns ja wirklich noch gar nicht richtig. Wir waren Fremde für ihn.
Und er war erst sieben Jahre alt.
Keiner hatte ihn je nach seiner Meinung oder nach seinen Wünschen gefragt. Er musste sich in sein Schicksal fügen. Ob er nun wollte oder nicht.
Ich fragte mich, ob er in dieser Situation wohl Heimweh haben würde. Aber Heimweh nach wem? Heimweh nach dem Heim?
Heimweh nach seinem Zuhause? Nach allem, was dort vorgefallen war?
Vielleicht Heimweh nach seinen Geschwistern? Das wäre durchaus verständlich.
Arme kleine Menschenseele.
Wir hatten noch zwei Treffen am Mittwochnachmittag und noch eine weitere Übernachtung am darauffolgenden Wochenende, dann fuhr ich mit meiner Familie für eine Woche in Urlaub.
Nach unserer Rückkehr würde Daniel ganz bei uns einziehen.

LETZTE VORBEREITUNGEN.

Ich kann mich nicht mehr genau erinnern, wie diese letzte Familienreise, bevor Daniel zu uns kam, verlaufen ist. Meine Kinder waren – mit Ausnahme meines ältesten Sohns – immer noch gegen die Aufnahme eines Pflegekindes. Ihr Standpunkt hatte sich zwischenzeitlich kaum geändert. Das hatte gar nichts mit Daniel als Person zu tun, sondern es ging grundsätzlich darum, dass wir dann ein fremdes Kind in unserem Familienkreis haben würden.

Meine älteren Kinder, die sich ja schon im Studium befanden, waren nicht ganz so ablehnend. Sie lebten ja auch nicht mehr bei mir und wären weniger mit Daniel konfrontiert. Die beiden jüngeren Söhne wären selbstverständlich in den Alltag mit Daniel involviert.

Ich kann mich nicht mehr erinnern, ob wir noch darüber diskutiert haben, dass ich mein Vorhaben nun wirklich in die Tat umsetzen würde. Ob wir gestritten haben. Ob Tränen flossen. Wir sprachen, glaube ich, einfach nicht mehr darüber.

Jeder dachte sich seinen Teil und schwieg.

Vielleicht akzeptierte es auch jeder für sich.

Mir zuliebe?

Oder weil sie es sowieso nicht ändern konnten.

Aus heutiger Sicht habe ich meinen Kindern wirklich etwas zugemutet. Wir befanden uns damals in einer durchaus schwierigen familiären Lage.

Ich, als Mutter alleinerziehend.

Die fünf Geschwister. Eines davon schwer krank.

Die Großmutter gesundheitlich schwer eingeschränkt und pflegebedürftig.

Im Nachhinein: Danke an Euch!

***

Wenn ich heute darüber nachdenke, dann war es eigentlich seitens der Behörden unverantwortlich, ein Pflegekind in unsere häuslichen Begebenheiten zu vermitteln.

Zumal sich im Laufe der Zeit mehr und mehr herausstellte, wie groß der psychische Schaden bei Daniel tatsächlich war.

Ich gehe davon aus, dass beim Jugendamt niemand etwas davon gewusst hat.

Durch fehlendes Personal.

Durch ein völlig überlastetes Kollegium.

Urlaub. Mutterschutz. Krankheit. Burn-out. Kur.

Ich glaube, wir hatten eine schöne gemeinsame Zeit in diesem letzten Urlaub, bevor Daniel zu uns kam. Ich habe nichts Negatives in Erinnerung.

* * *

Am Freitag vor dem Schulbeginn hatte ich einen Termin in der neuen Schule. Die Direktorin, die neue Klassenlehrerin Frau Mertens und eine Sonderpädagogin hatten mich zu einem Gespräch gebeten. Wir sollten uns noch einmal austauschen, bevor Daniel seinen ersten Schultag dort haben würde.

Die Direktorin kannte ich noch aus der Zeit, als meine Kinder dort zur Schule gingen. Die zukünftige Klassenlehrerin kannte ich noch nicht. Sie war sehr jung und dies war ihre erste eigene Klasse. Die Sonderpädagogin begleitete die Klasse an einigen Tagen, da bereits zwei andere Inklusionskinder in der Klassengemeinschaft waren.

Wir begrüßten uns herzlich, und ich wurde gebeten, von Daniel zu erzählen. Das Schulkollegium hatte nur wenige Informationen vom Jugendamt erhalten und man wollte sich so gut wie möglich auf ihn vorbereiten.

Das Wenige, was ich über Daniel wusste, hatte ich auch nur durch das Jugendamt erfahren. Diese Informationen waren aufgrund des Datenschutzes äußerst spärlich gewesen. Zumindest konnte ich aber über meine bisherigen persönlichen Erfahrungen mit ihm berichten.

Er war nicht aggressiv.
Er war kein Schläger.
Er hatte viel Mitgefühl für andere.
Er konnte sehr herzlich sein, aber eben auch extrem abweisend.
Er war ausgesprochen intelligent, aber nur sehr schwer zu etwas zu motivieren.
Er konnte nie lange bei einer Sache bleiben und langweilte sich schnell.
Er konnte schon sehr gut lesen, schreiben und vor allem rechnen. Das war wirklich bemerkenswert, denn er kam ja jetzt erst ins zweite Halbjahr der ersten Klasse.
Diese Erkenntnisse hatte ich so nach und nach bei unseren Unternehmungen im Alltag gewonnen.

Ich schlug eine Kontaktaufnahme zu seiner alten Lehrerin Frau Sommer vor und die Idee wurde gerne aufgegriffen.
Die Schule bot mittlerweile eine Ganztagsbetreuung an und es stellte sich die Frage, ob und wie Daniel daran teilnehmen sollte. Anfangs dachte ich, dass es für ein Kind wie Daniel besser wäre, wenn er mittags nach Hause käme. Er sollte ein familiäres Mittagessen haben und seine Hausaufgaben im häuslichen Umfeld erledigen. Zeitlich hätte ich das leisten können, da ich teilweise von zu Hause aus arbeitete. Andererseits war Daniel es seit frühester Kindheit gewohnt, ganztags in der Kindertagesstätte zu sein. Das würde er sicherlich vermissen.
Er würde durch die Ganztagsbetreuung in der Schule mit Gleichaltrigen zusammen sein und so hoffentlich auch bald neue Freunde finden. Die Hausaufgaben würden betreut, und es gab diverse Kurse, die er nachmittags besuchen könnte.
Das wäre auch für mich durchaus eine Erleichterung.

So, wie ich ihn bis jetzt im Alltag erlebt hatte, war er schlicht und ergreifend sehr, sehr anstrengend. Wir beschlossen, ihn erstmal für drei Tage in der Woche bei der Nachmittagsbetreuung anzumelden, um dann zu sehen, wie er sich so entwickeln würde. Am Ende der Besprechung hatte ich das beruhigende Gefühl, dass die Schule sich sehr um Daniel bemühen würde.

Ich blickte zuversichtlich in die Zukunft.

Am Nachmittag desselben Tages holte ich Daniel dann endgültig aus dem Heim ab.

DANIELS EINZUG.

Von der Mutter hatte ich seit vier Wochen nichts mehr gehört.
   Vom Jugendamt auch nicht.
   Kurz vor der Übernahme hätte ich das eigentlich erwartet, aber so war es nicht. Ich fuhr einfach ins Heim und holte ihn ab, wie auch sonst immer.
   Keine Verabschiedungsfeier – nichts, um diesem besonderen Tag etwas Besonderes zu verleihen.
   Daniels ganzes Leben würde sich wieder einmal vollkommen verändern.
   Er hatte eine kleine Reisetasche mit Kleidung dabei – und sonst nichts.
   Keine Fotos. Kein Kuscheltier. Nichts.
   Die Verabschiedung von seiner Schwester fiel äußerst flüchtig aus.
   Keiner von beiden konnte sich Emotionen leisten.
   Diese Kinder hatten schon so viel erleben müssen.
   Vernachlässigung. Verwahrlosung. Häusliche Gewalt. Alkohol. Streit.
   Wir fuhren nach Hause.
   Ich hatte es endlich geschafft! Ich hatte ein Pflegekind!
   Aber das war in diesem Moment kein erhabenes Gefühl. Ich war eher besorgt und zweifelnd, ob ich diese Aufgabe bewältigen würde. Daniel hatte in der Anbahnungszeit immer wieder ein sehr außergewöhnliches Verhalten gezeigt. Das verunsicherte mich. Ich war weder Psychologin noch Psychotherapeutin oder Pädagogin.

Wie selbstverständlich zog Daniel in das für ihn hergerichtete Zimmer ein. Ich hatte über Ebay Bücher für Grundschüler der höheren Klassen besorgt und eine riesige Kiste mit Lego-Technik von Freunden geschenkt bekommen. Nun, da alle sahen, dass ich mein Vorhaben tatsächlich in die Tat umsetzte, bekam ich mancherlei Hilfsangebote.
   Spenden. Kleidung. Bücher. Lego. Hörspiele. Spielzeug.
   Ich nahm alles dankbar an.
   Kaum angekommen, setzte er sich augenblicklich auf den Teppich

und fing an, die Kisten auszukippen. Um zu spielen, glaubte ich. Binnen kürzester Zeit war er aber wieder bei mir Wohnzimmer.

„Mir is langweilig. Was kann ich jetzt machen?"

„Aber du hast doch nun jede Menge Spielzeug in deinem Zimmer."

„Das kenn ich alles schon. Kann ich an den Computer? Oder fernsehen?"

„Nein. Aber schau dir doch mal die neuen Bücher an, die oben sind. Oder hol dir eins, setz dich neben mich und wir lesen zusammen."

„Nööö. Kann ich das Handy haben?"

„Nööö. Später vielleicht. Jetzt erstmal nicht."

„Mannooooo ...!"

Er trollte sich brummelnd nach oben.

Es war Ruhe. Es war lange Ruhe. Sehr lange. Verdächtig lange.

Ich begann, mir Sorgen zu machen und ging nach oben in sein Zimmer. Er lag auf dem Bett und schlief, ein Buch auf dem Bauch. Dabei war es erst drei Uhr nachmittags.

Wahrscheinlich fehlte ihm regelmäßiger Schlaf, oder er brauchte einfach mal nur Ruhe.

Auch später passierte es häufig, dass er für Stunden einschlief, wenn er sich langweilte und nichts zu tun hatte.

* * *

Gerade in dieser Anfangszeit fiel es mir sehr schwer, erzieherisch auf ihn einzuwirken.

Ich wollte erst einmal sein Vertrauen gewinnen und bewegte mich somit auf dünnem Eis.

Es gab so viele Dinge, die ich ihm beibringen musste.

Regeln einhalten.

Versprechen einhalten.

Verbote einhalten.

Ehrlichkeit.

Respekt.

Ganz abgesehen von Körperhygiene und Sauberkeit.
Und noch so vielem mehr …
Ein wenig wie bei Kaspar Hauser …

* * *

Zwei Tage nach seinem Einzug bei uns, am Sonntag vor seinem ersten Schultag, ging ich mit ihm zu seiner neuen Schule, um ihm alles zu zeigen. Den Schulweg. Das Schulgebäude von außen. Den Schulhof. Den Sportplatz. Den Spielplatz. Das weitläufige Gelände drum herum.

Ausnahmsweise durfte ich ihn an der Hand fassen und wir sprachen über seinen ersten Schultag dort. Er war für seine Verhältnisse auffallend still. Normalerweise redete er ohne Punkt und Komma. Ich fragte ihn, ob er sehr aufgeregt sei, und er brüllte mich beinahe an.

„Ja! Manno! Meine alte Schule war auch viiiel schöner!"

„Oh, ich kann dich gut verstehen. Das ist alles wirklich nicht einfach für dich."

Er sah mich an, und ich drückte seine Hand.

Er drückte zurück.

Da war wieder ein kurzer Moment, in dem ich das Gefühl hatte, dass er endlich ein wenig seine Emotionen zeigte und wir mehr und mehr dabei waren, eine Verbindung aufzubauen.

Am nächsten Morgen brachte ich ihn dann in die Schule.

Sein erster Schultag!

Seine neue Klassenlehrerin begrüßte ihn sehr liebevoll und zeigte ihm seinen Sitzplatz.

„Guten Tag Daniel. Wie schön, dass du jetzt bei uns bist. Ich hoffe, du wirst dich bei uns wohlfühlen."

Er folgte ihr, ohne sich noch einmal nach mir umzudrehen oder sich zu verabschieden. Die neue Umgebung schien kein Problem für ihn zu sein. Er zeigte weder Unsicherheit noch Schüchternheit.

„Hallo Leute! Alles roger?", rief er forsch in die Klasse.
Die Kinder sahen ihn verständnislos an.
Frau Mertens und ich tauschten einen Blick und mussten lächeln.
Er war halt anders.

Mittags um eins holte ich ihn wieder ab. Am ersten Tag sollte er erst einmal nur vormittags dort sein.
„Na, wie war's?"
„Okay. Aber meine alte Schule war viel cooler."
„Ach, warte es mal ab. Du wirst schon sehen, das wird auch dort gut werden."
„Ja, aber ich vermisse alle meine alten Schulfreunde. Die werd ich nie wieder sehen."
Die alte Klasse hatte ihm zum Abschied ein Album mit Fotos und selbstgemalten Bildern geschenkt.
Der Abschied von der Familie, der Abschied vom Heim, von seiner Schwester und von den Schulkameraden – das war sehr viel Abschied in sehr kurzer Zeit für einen kleinen Menschen.
Er hatte nichts, was ihm Halt gab.
Außer mich.
Ich drückte seine Hand.
Einmal mehr nahm ich mir fest vor, immer für ihn da zu sein.

SCHULSTART.

Eine Woche nach Schulbeginn gab es eine Einladung zum Elternabend in der Klasse. Da mich keiner kannte, hatte ich mir vorgenommen, mich vorzustellen und ein wenig über Daniel zu berichten. Ich hoffte auf Mitgefühl und Verständnis der anderen Eltern und war recht zuversichtlich. Aber es kam etwas anders.

Nach der Begrüßung meldete sich augenblicklich eine erregte Mutter und beschwerte sich heftig. Über den Kopf der Eltern sei entschieden worden, einen Schüler aus einem sozialen Brennpunkt in die Klasse aufzunehmen. Das sei unzumutbar. Es gebe schon zwei Inklusionskinder, und ein weiteres Kind mit diesem Status sei zu belastend für die anderen Schüler. Die „normalen" Kinder könnten unter solchen Umständen nicht genug gefördert werden.

Und dann noch ein Kind aus diesem Wohngebiet. Man wisse doch, was das bedeuten würde.

Läuse. Diebstahl. Schlägereien.

Unvorstellbar.

Das könne man doch nicht einfach hinnehmen. Dagegen müsse sofort vorgegangen werden.

Daraufhin brach ein ziemlicher Tumult unter den Eltern aus. Frau Mertens versuchte, die Situation in den Griff zu bekommen, und richtete einen massiven Appell an das soziale Verständnis der Eltern. Dann übergab sie mir das Wort.

Ich war entsetzt über das, was da alles angesprochen wurde.

Diese Welle von Vorurteilen!

Woher kamen diese überzogenen Informationen überhaupt?

Ich war sehr aufgewühlt und bemühte mich, die Fassung zu bewahren.

Eigentlich war mir eher zum Heulen zumute.

Ich stellte mich vor und sprach über Daniel und seine Situation.

Dass ich sehr froh sei, dass er an dieser Schule angenommen worden war. Dass es mir aber leidtue, solche Widerstände in der Elternschaft zu spüren.

Beinahe hatte ich das Gefühl, mich entschuldigen zu müssen, ein Pflegekind in diese Klassengemeinschaft gebracht zu haben. Ich fühlte mich wirklich sehr unwohl.

Das war mir anscheinend anzumerken, denn plötzlich stand eine Mutter auf. Sie hatte Tränen in den Augen und wies die anderen Eltern sehr beherzt zurecht, wie diese sich so ungeheuer unsozial verhalten konnten. Sie entschuldigte sich bei mir und hieß mich und Daniel herzlich willkommen in der Klasse 1a.

Daraufhin klatschte ein Großteil der Eltern dann tatsächlich Beifall. Ich war sehr erleichtert.

Später erfuhr ich, dass die Direktorin vor den Ferien einen Elternbrief verschickt hatte. Darin hatte sie die Eltern der Klasse 1a informiert, dass ein neuer Schüler aus einem sozialen Brennpunkt kommen würde. Leider hatte sie in diesem Brief kein Detail seiner Lebenssituation und seiner Herkunft ausgespart. Somit hatten die Eltern in der Ferienzeit die Möglichkeit gehabt, sich rege in allen Richtungen über das Thema auszutauschen, und so entstand diese wirklich unschöne Situation.

Wie unsensibel!

Eine kurze Information über einen neuen Schüler hätte doch vollkommen gereicht?!

Zwei Wochen nach Schulbeginn gab es eine Besprechung über die Situation im Schulalltag von Daniel. Er könne zwar schon recht gut lesen und schreiben. Und besonders gut rechnen. Gut kombinieren. Sei scheinbar sehr intelligent. Aber ...

Er hörte nicht zu.
Er blieb nicht auf seinem Stuhl sitzen.
Er rannte durch die Klasse.
Er verließ einfach das Klassenzimmer.
Er redete dauernd dazwischen.
Er störte die anderen Kinder.
Er verweigerte die Mitarbeit.

Er verweigerte sich selber.

Er war zuweilen auch aggressiv.

Und das alles, obwohl die Sonderpädagogin den Unterricht täglich einige Stunden begleitete.

Dieses Verhalten hatte mir ja seine ehemalige Klassenlehrerin Frau Sommer schon beschrieben. Und bei meiner Hospitation in seiner alten Schule hatte ich es ja auch miterlebt. Bei allem, was schon mit ihm geschehen war, war sein Verhalten aber doch gar kein Wunder! Irgendwie vollkommen nachvollziehbar!

Armer kleiner Kerl.

Aber es war ein unhaltbarer Zustand. Es musste dringend eine Lösung gefunden werden.

Das Kollegium schlug mir vor, eine Schulbegleitung bei der Behörde zu beantragen.

Eine Schulbegleitung steht dem Schüler während des Schultags unterstützend zur Seite. Häufig melden sich Pädagogik- oder Psychologiestudenten für diesen Job. Finanziert wird das Ganze vom Staat oder auch von privaten Trägern.

Ich war nicht ganz überzeugt, ob das für Daniel die richtige Hilfe war. Er sollte schließlich lernen, eigenverantwortlich zu handeln und sich in die soziale Gemeinschaft einzugliedern. Trotz seines jungen Alters würde Daniel sich eine nicht durchsetzungsfähige Person sofort zunutze machen.

„Hol mal …!"

„Mach mal …!"

„Bring mal …!"

Er hatte durchaus Führungsqualitäten.

Da wäre eine Schulbegleitung dann eher kontraproduktiv und erzieherisch nicht wertvoll. Ich hatte jedoch Sorge, dass er mit seinem Verhalten langfristig nicht von der Schule getragen würde und stimmte dem Vorschlag deshalb zu.

Um die behördliche Genehmigung für eine Schulbegleitung zu bekommen, musste ein psychologisches Gutachten erstellt werden. Weiterhin sollte auch ein Intelligenztest gemacht werden. So könnte man feststellen, ob und wo sich ein besonderer Hilfsbedarf zeigte, um dann entsprechende Fördermaßnahmen einzuleiten.

Das alles würde beim Regionalen Bildungs- und Beratungszentrum ReBBZ stattfinden. Dort war die Situation ähnlich wie beim Jugendamt. Alle Mitarbeiter waren vollkommen überlastet und der nächste Termin war frühestens in drei Wochen möglich. Wenn überhaupt.

Man werde sich melden, hieß es.

ALLTAGSSCHWIERIGKEITEN.

Auch zu Hause war das Leben mit Daniel ausgesprochen schwierig. Er rannte durchs Haus und verbreitete eine unerträgliche Unruhe. Nichts war vor ihm sicher, und ich konnte ihn kaum eine Minute allein lassen. Selbst wenn ich nur kurz duschen gewesen war, erlebte ich unliebsame Überraschungen. Dann brannten plötzlich alle Kerzen. Oder der Kamin war angezündet worden. Oder die Haustür und das Gartentor standen sperrangelweit auf und der Hund war weggelaufen.

Daniel war in solchen Momenten ganz bei sich und ließ sich von seinen Gedanken überhaupt nicht abbringen.

Übersprunghafte Handlungen.

Impulsgesteuert.

Gerade in dieser anfänglichen Zeit machte er unglaublich viele Dinge kaputt. Teilweise aus Versehen, teilweise vorsätzlich. Dies aber nur, weil er überhaupt kein Gefühl für Wertigkeit hatte.

Er wollte mir im Garten helfen – und schnitt alle Hortensienblüten ab.

„Die waren eh verblüht."

„Ja, aber dann blühen sie im nächsten Jahr nicht."

„Is doch egal."

Er verstand es einfach nicht.

Egal. Es war ja auch kein gravierender Schaden. Da gab es weitaus Schlimmeres.

Einmal glaubte ich, ihn in der Sandkiste zu wissen. Tatsächlich hatte er sich aber einen Hammer aus der Gerätekammer besorgt und bearbeitete damit die Steintreppe, die zur Haustür hinaufführte. Alle Kanten waren bereits abgeschlagen, als ich bemerkte, was er da tat.

Einmal war es auch das Auto meines Sohns, das auf der Straße vor unserem Haus stand, mit dem er sich „beschäftigte". Als ich zufällig aus dem Fenster sah, stand Daniel auf der Kühlerhaube und wippte begeistert rauf und runter – völlig ahnungslos, was er damit anrichtete. Die Haube war verbeult, der Lack vollkommen zerkratzt. Drei Meter daneben im Garten stand unser Trampolin ...

Ein anderes Mal grub er voller Enthusiasmus ein so riesiges Loch im Garten, dass das ganze große Schaukelgerüst wegzubrechen drohte. Die Haftpflichtversicherung weigerte sich zuerst, für den Schaden aufzukommen, da ich meiner Aufsichtspflicht nicht nachgekommen sei. Ich musste einen zähen und aufwendigen Papierkrieg führen. Erst als ich später mit einem Gutachten des Kinderarztes nachweisen konnte, dass Daniel verhaltensauffällig war, wurden die Kosten für die Reparaturen zumindest teilweise beglichen.

Von Seiten des Jugendamts oder des Allgemeinen Sozialen Dienstes hatte mich niemand über diese Verhaltensauffälligkeiten von Daniel informiert.

Das alles war sehr anstrengend und nach kurzer Zeit war ich ziemlich verzweifelt.

Schlimmer noch, ich schimpfte ununterbrochen mit ihm.

Wie sollte ich dem Kind Liebe, Geborgenheit und Ruhe geben, wenn ich mit den Nerven völlig am Ende war? Und das bereits nach wenigen Wochen.

Die einzige Möglichkeit, ihn ruhig zu halten, war, ihn an meinen Computer zu lassen. Das war zwar erzieherisch völlig falsch, aber ich wusste mir einfach nicht anders zu helfen. Ich hatte einige weitere altersgerechte Spiele für Daniel auf meinem Rechner installiert. Das faszinierte ihn vollkommen und er hätte vermutlich stundenlang gespielt, ohne je ein Ende zu finden.

Diese so erkaufte Ruhe hatte aber auch ein Nachspiel. Daniel war zwar noch völlig unbedarft am Computer, aber er schaffte es irgendwie trotzdem, in meine diversen Accounts zu gelangen. Ich war so naiv und hatte sie weder passwortgeschützt noch einen Kinderschutz eingerichtet. Ein fataler Fehler. Es war nichts mehr in den Dateien zu finden. Ganze Texte fehlten, und der gesamte Desktop war durcheinandergebracht. Viren tauchten auf. Ein Desaster. Ich ärgerte mich über mich selbst. Und codierte alles. Wie dumm ich doch war.

„Was ist eigentlich dieses „Fakkebok"?
„Bitte was?"
„Na, Fakkebok!"
„Ich weiß nicht, was du meinst."
Er scrollte sich durch die Seiten zurück – und hatte Facebook geöffnet. Fakkebok.
Oder ich sah im Verlauf meiner Google-Suchen, dass jemand „nagde vraun" als Suchauftrag eingegeben hatte. Ich sah nach, was sich dahinter verbarg, und es öffneten sich sofort – trotz der völlig falschen Rechtschreibung: Pornoseiten! Nackte Frauen.

Er hatte einen hochroten Kopf.

„Sag mal, das sind aber wirklich keine Dinge, die Kinder sich ansehen sollten."

„Wieso? Zu Hause lief das auch immer."

„Das mag ja sein. Aber das ist nicht für Kinder geeignet und auch wirklich nicht schön. Das macht dir doch sicher Angst?!"

„Nö."

Mich erschreckte es, dass ein sieben Jahre alter Junge sich schon solche Seiten anschaute.

Frau Breuer-Höttges hatte beiläufig erzählt, dass die Kinder wohl zwangsläufig die Pornos, die der alkoholkranke Stiefvater sah, mit angesehen hatten. Das war jetzt wohl die Folge davon.

Mir war nicht klar, ob und inwieweit er schon aufgeklärt war, fand aber, dass das in dem Moment nicht die richtige Situation war, um darüber zu sprechen. Er war sieben Jahre alt und letztendlich ging es um Pornos.

Bei Daniels Umgang mit meinem Computer halfen mir die Codierung und die Kindersperre nur bedingt weiter. Tatsächlich hatte er ein sehr gutes Zahlengedächtnis. Er war schlau. Sehr schlau. Blitzschnell schaute er sich die Zahlenkombination ab, wenn ich am Computer arbeitete und den Code eingab. Ich bemerkte es noch nicht einmal, aber er merkte sich die Zahlen sofort.

Sobald er allein in einem Raum war und meinen Computer irgendwo liegen sah, gab er den Code ein, und das Internet und meine privaten

Accounts standen ihm zur freien Verfügung. Das konnte auch mitten in der Nacht passieren, wenn wir alle schliefen. Dann spielte er die ganze Nacht.

Also sperrte ich den Rechner in meinen Schreibtisch und versteckte den Schlüssel.

Meist fand er das Versteck des Schlüssels schneller wieder als ich.

Häufig vergaß ich, wo ich den Schlüssel versteckt hatte, weil ich ihn immer wieder woanders verstecken musste.

Dasselbe passierte mit der Fernbedienung des Fernsehers. Die trug ich meist in meiner Handtasche mit mir herum. Denn er stand auch nachts auf – wenn wir alle schliefen – und schaltete den Fernseher ein. Der nächste Schultag war nach einer solchen Nacht natürlich eine Katastrophe. Er war dann übellaunig und aggressiv, weil er völlig übermüdet war.

Natürlich sollten auf ein solches Fehlverhalten Konsequenzen erfolgen. Aber welche?

Ich war oft so wütend, dass ich ihn anschrie. Anbrüllte. Leider.

Und es kostete mich große Beherrschung, ihn nicht zu schlagen. Das lag wirklich nicht in meinem Sinn und in meinem Wesen, aber er brachte mich mit seinem Verhalten so unglaublich in Rage.

Ich packte ihn am Arm und schickte ihn in sein Zimmer.

Ich erteilte Fernsehverbot.

Ich sagte Verabredungen mit seinen Freunden ab.

Aber es änderte nichts. Er machte, was er wollte. Was ihm gerade in den Kopf kam.

Bei meinen Sanktionen zuckte er nur mit den Schultern.

„Is mir doch egal! Wollt ich eh nicht."

So hatten meine Kinder in dem Alter auch reagiert, aber da wusste ich, dass es ihnen sehr wohl etwas ausmachte. Ihm bedeutete es aber wirklich nichts. Es war ihm egal! Er hatte sofort eine andere Idee und lenkte sich damit ab. Somit gab es auch keinen Lerneffekt.

Bei allem Verständnis für ihn und seine Lage – so konnte es nicht weitergehen.

Ich brauchte dringend stundenweise irgendeine erfahrene Betreuung für Daniel. Schon allein, um meinen alltäglichen Verpflichtungen nachkommen zu können. Ich wollte aber auch gern wieder einmal zum Sport gehen oder am Abend ausgehen. Ein Babysitter, das sind ja oft ältere Schüler, würde kaum mit Daniel zurechtkommen. Und durfte ich ihn überhaupt mit jemandem Fremden allein lassen? War das rechtlich in Ordnung? Ich brauchte dringend Rat und vor allem Hilfe und rief beim Allgemeinen Sozialen Dienst ASD an.

Beim ASD gibt es den Pflegeelterndienst, und der ist für die Begleitung der Pflegeeltern zuständig.

Ich bat um einen Termin. Ein HPG – ein Hilfeplangespräch – war sowieso mehr als fällig.

Hilfeplangespräche sollen eigentlich mindestens zweimal im Jahr stattfinden. Anwesend sein sollen normalerweise die leiblichen Eltern, die Pflegeeltern, die zuständigen Mitarbeiter vom ASD, der zuständige Mitarbeiter des Jugendamts und der amtliche Vormund des Kindes. Wenn das Kind 14 Jahre alt ist, wird es ebenfalls dazu eingeladen. Ab diesem Zeitpunkt hat es ein Mitspracherecht.

So sollte es sein.

Aber durch Personalmangel ist vieles ganz anders.

Krankheit. Burn-out. Unterbesetzt. Urlaub. Kur.

Nach dem Wechsel in die Pflegefamilie sollen die leiblichen Eltern für ein halbes Jahr – je nach Situation auch für ein ganzes Jahr – keinen Kontakt zu den Kindern haben, um die Eingewöhnung in die neue Familie zu erleichtern.

Dass das klug ist, wage ich mittlerweile zu bezweifeln. Aber so verlangt es der Gesetzgeber.

Selbstverständlich haben die Eltern aber ein Recht darauf, zu erfahren, wie es ihrem Kind geht.

Somit wurden also auch Daniels Vater und Mutter zu diesem Treffen eingeladen. Aber sie erschienen gar nicht. Aus diesem Grund fand unser erstes Hilfeplangespräch in ganz kleinem Kreis statt, nämlich nur mit zwei Mitarbeitern vom ASD und Frau Dahmen, die die Vormundschaft innehatte. Da sie erst vor Kurzem für die Wittke-Kinder einbestellt worden war, kannte ich sie noch nicht.

Der Mutter war mittlerweile aufgrund von Vernachlässigung, Verwahrlosung, häuslicher Gewalt und Kindesmisshandlung das Aufenthaltsbestimmungsrecht, das Sorgerecht und die Erziehungsfähigkeit entzogen beziehungsweise aberkannt worden. Das alles erfuhr ich aber erst im Rahmen dieser Zusammenkunft.

Bis zu diesem Zeitpunkt wusste ich nicht, was Daniel und seine Geschwister tatsächlich schon alles hatten erleben müssen.

Hatte man mir das alles bewusst nicht erzählt?

Damit ich Daniel nicht zurückschickte?

Auf meine Fragen hin erklärte man mir etwas von wegen Datenschutz und Privatsphäre.

Aber wie soll man mit einem fremden Kind leben und es erziehen, wenn man überhaupt nichts über seinen Hintergrund und seine Geschichte weiß – wissen darf? Das erschien mir überhaupt nicht plausibel.

Man schlug mir vor, mir für einige Stunden in der Woche eine erzieherische Aushilfe von der Behörde zur Seite zu stellen. Ich wollte aber ungern immer wieder unterschiedliche, fremde Menschen in meinem Haus haben. Ich hätte gern für Daniel eine feste Bezugsperson gehabt. Deshalb schlug ich vor, ein Au-Pair zu suchen.

Das ist bei Pflegekindern sehr ungewöhnlich. Aber man kam meiner Bitte schließlich nach, da ich vorrechnen konnte, dass ein Au-Pair finanziell günstiger war als die Aushilfe von der Behörde. Überzeugend war auch, dass es für Daniel sicher besser sei – zumindest für ein Jahr – dieselbe Begleitperson zu haben.

Wir besprachen auch die schulische Situation. Die Anregung der Schule, eine Schulbegleitung für Daniel zu organisieren, wurde angenommen. Des Weiteren bat ich um die Möglichkeit, ihn zur Psychotherapie anzumelden.

Auch als Laie war mir ganz klar, dass Daniel dringend eine solche Unterstützung brauchte.

Ich hatte noch den Satz aus der Elternpflegeschule in den Ohren:

„Und wenn diese Kinder in die Pubertät kommen, fangen Sie wieder ganz von vorne an!"

Das würde mir nicht passieren, dem würde ich zuvorkommen!

Dachte ich.

Heute – acht Jahre später, Daniel ist fast 15 Jahre alt – ist genau das passiert.

„Gehen Sie wieder auf ‚Los'!" So fühlt sich das zurzeit an.

GESUNDHEITS-NACHSORGE.

Wir kamen überein, dass Daniel dem Augenarzt vorgestellt werden sollte.
Vielleicht konnte er nicht gut sehen?
Vielleicht konnte er auch nicht gut hören?
Vielleicht war das der Grund dafür, dass er nicht auf seinem Platz in der Schule sitzen blieb und zuhörte.
Das übliche Kinder-Vorsorgeheft existierte nicht. Ein Impfpass war auch nicht vorhanden. Oder nicht auffindbar.
„Ist er denn überhaupt durchgeimpft?"
„Das wissen wir auch nicht. Wir haben keine Unterlagen darüber. Wir wissen nur, dass die Kinder, wenn sie krank waren, beim Kinderarzt vor Ort waren. Vielleicht rufen Sie dort mal an?"
Obwohl die Familie seit Daniels zweitem Lebensjahr von den Sozialbehörden begleitet wurde, waren die Informationen und Unterlagen ausgesprochen spärlich. Wie konnte das sein?

Nach dieser Besprechung hatte ich jede Menge zu organisieren.
Die Unterlagen des alten Kinderarztes.
Einen Termin bei unserem Kinderarzt.
Einen Termin beim Augenarzt.
Einen Termin beim Hals-Nasen-Ohrenarzt.
Einen Termin beim Zahnarzt.
Einen Psychotherapeuten finden.
Ein Au-Pair finden.
Einen Antrag für die Schulbegleitung stellen.

Würde Daniel das alles auch mitmachen?!
Hoffentlich.
Aber ich war nun ganz zuversichtlich, dass diese vielen Maßnahmen uns beiden helfen würden, die Probleme besser in den Griff zu bekommen.
Wir waren auf dem richtigen Weg.

Und es gab – trotz aller Schwierigkeiten – ja auch immer wieder wirklich viele erfreuliche, lustige und zu Herzen gehende Erlebnisse mit Daniel.

Nach dem ursprünglichen Misstrauen wurde er – obwohl wir uns zeitweise heftig stritten – immer zutraulicher und öffnete sich. Die anfängliche Wortkargheit und Übellaunigkeit war scheinbar nur Unsicherheit und Selbstschutz gewesen. Angriff war die beste Verteidigung.

„Ich bin stark, und ihr könnt mich mal."

Dafür redete er jetzt den ganzen Tag ohne Unterlass. Teilweise völlig belangloses Zeug.

„Oh, ein altes Haus!"

„Die Ampel ist rot."

„Es regnet."

Er redete einfach, um zu reden. Um mit mir in Kontakt zu kommen. Im Kontakt zu bleiben. Er redete so lange auf mich ein, bis ich irgendwann reagierte. Er war kaum auszuhalten. Es war anstrengend und nervtötend. Und ich muss zugeben, dass ich hin- und wieder sehr gereizt antwortete.

Laut wurde.

Ihn anbrüllte.

„Jetzt sei doch einfach mal still!"

„Halt mal die Klappe, du machst mich ja ganz wahnsinnig!"

Erschrockenes Schweigen.

Das hielt er aber nur fünf Minuten aus – und schon plapperte er weiter.

Trotz all der Schwierigkeiten war er meistens gut gelaunt. Er zeigte sehr viel Empathie und Feingefühl. Für so einen kleinen Jungen waren seine Reaktionen oft erstaunlich. Wenn er sich freute, sprang er wie ein kleines Fohlen durchs Haus. Machte einen Hüpfer über unseren schlafenden Hund und strahlte sehr viel Lebensfreude aus.

„Hallöööchen!"

Das war sein Begrüßungsruf, wo immer er hinkam. Es war ein wenig gewöhnungsbedürftig, aber jeder musste erst einmal schmunzeln. Und damit hatte er die Herzen meist schon gewonnen.

Auch optisch hatte er sich seit unserem ersten Treffen schon sehr verändert. Die neuen Zähne wurden sichtbar und die Haare waren länger geworden. Der Haarschnitt zeitgemäß. Das gab ihm ein viel freundlicheres Aussehen. Sein Blick war offener. Fröhlicher. Die Gesichtsfarbe war rosig, da er viel an der frischen Luft im Garten spielte.

Und – Kleider machen Leute!

Ich hatte ihn komplett einkleiden müssen. Die wenigen Kleidungsstücke, die er in seiner kleinen Reisetasche mitgebracht hatte, waren vollkommen unbrauchbar. Wer auch immer hatte völlig wahllos irgendwelche Kleidungsstücke hineingestopft. Ohne dabei auf die Zweckmäßigkeit oder auf die richtige Größe zu achten. Sogar Mädchenkleidung war dabei. Schuhe hatte er, außer denen, die er trug, keine dabei.

Da diese Sachen aber das Einzige waren, was er von zu Hause mitgebracht hatte, hatte ich sie nicht weggeworfen, sondern ganz unten in seinem Kleiderschrank aufgehoben. Ich dachte, es sei vielleicht wichtig für ihn, noch irgendetwas von zu Hause als Erinnerung zu haben.

Die Termine bei den diversen Ärzten zu organisieren war mühsam. Das erste Problem war die fehlende Versicherungskarte. Sie befand sich angeblich bei der Mutter und war dann aber dort doch nicht auffindbar. Bis dieser Sachverhalt endgültig geklärt war, dauerte es schon mal zwei Wochen. Die Mutter war nicht zu erreichen. Weder per Telefon noch per E-Mail. Auch nicht auf dem postalischen Weg. So musste also eine neue Karte von der Vormundin Frau Dahmen beantragt werden.

Das alles brauchte Zeit.

Die Behörden arbeiten langsam.

Die Versicherungen auch.

Das nächste Problem war das fehlende gelbe Vorsorgeheft und der ebenfalls nicht vorhandene Impfpass. Ich musste letztendlich mit einer Vollmacht der Vormundin (die ich natürlich auch erstmal beantragen musste ...) den ehemaligen Kinderarzt von Familie Wittke aufsuchen und ihn bitten, die Krankenakte von Daniel zu kopieren und sie an unseren neuen Kinderarzt zu schicken.

Es wäre vielleicht einfacher gewesen, wenn ich weiterhin mit Daniel bei seinem Kinderarzt geblieben wäre. Aber die Praxis lag in einem völlig anderen Stadtteil, und das wäre in einem Notfall ungünstig. Außerdem wollte ich in dieser besonderen Situation mit Daniel lieber von den Ärzten und Therapeuten betreut werden, die ich schon durch meine eigenen Kinder kannte. Denen ich vertraute. Die gegebenenfalls auch nach Hause kamen. Das machte tatsächlich vieles deutlich leichter. Man kannte mich und war sehr hilfsbereit.

Daniels Welt war sehr von Frauen dominiert.
Sozialarbeiterin.
Vormundin.
Erzieherin.
Lehrerin.
Therapeutin.
Und ich als alleinerziehende Mutter.
Da war es wichtig, dass auch Männer in seine Welt traten.
Ein Mann mit großem Einfühlungsvermögen und viel Erfahrung war unser alter Kinderarzt. Bei ihm wurde ich als Erstes mit Daniel vorstellig.
„Hallllööööchen!"
Wir wurden sehr freundlich in der Praxis aufgenommen und Daniel machte bei der Untersuchung erstaunlich gut mit. Er war etwas aufgeregt, kasperte eine wenig herum, beantwortete aber alle Fragen und ließ die einzelnen Untersuchungen tapfer über sich ergehen. Dann wurde noch Blut abgenommen, um zu sehen, wie es um seinen Impfschutz stand. Die „Spritze" machte ihm etwas Angst, aber er zeigte wider Erwarten genug Vertrauen und ließ es geschehen.

Ob Daniel wohl ahnte, wie wichtig das alles für ihn war?

Oder war ihm klar, dass er sowieso keine Chance hatte, dem Ganzen zu entgehen?

Nachdem alles untersucht war, kam heraus, dass Daniel ein kerngesunder Junge war. Zwar etwas kleinwüchsig, aber ob das so bliebe, war abzuwarten.

Kinder, die sehr unter Stress leiden, reagieren mitunter mit Wachstumsverzögerungen.

Die Zahnpflege sei unzureichend, das würde der Zahnarzt sich anschauen müssen. Wir bekamen noch eine weitere Überweisung für den Augenarzt und den Hals-Nasen-Ohrenarzt. Und es wurde ein ärztliches Gutachten erstellt. Das brauchte ich, um einen Antrag für eine Psychotherapie bei der Krankenversicherung zu stellen.

Papierkram.

Mit diesen Unterlagen hatte ich nun endlich die Möglichkeit, alles Weitere untersuchen zu lassen. Je nachdem, was bei den folgenden Untersuchungen herauskam, könnte man ihm den Alltag – besonders aber den Schultag – erleichtern.

Um an diesen Punkt zu kommen, waren allerdings schon wieder einige Wochen vergangen.

Viel zu viele.

SCHULPROBLEME.
EIN AU-PAIR. ARZTBESUCHE.

Die Schule drängte, dass der momentane Zustand nicht länger haltbar wäre. Andere Eltern hatten sich inzwischen mehrfach bei der Schulleitung beschwert. Daniel warf in kritischen Phasen mit den schlimmsten Schimpfworten um sich.

„Arschficker!"

„Pimmellutscher!" - war noch harmlos.

Das wurde in der Grundschule des wohlhabenden Vororts Rodenkirchen gar nicht toleriert. Verständlich, aber ... Eigentlich völlig unnötig, dass sich Eltern darüber so aufregen!

Das ist eine Phase, die hört auch wieder auf.

Kinder mit älteren Geschwistern werden von diesen immerzu mit Schimpfwörtern konfrontiert. Und wer auf die Schultoilette geht und sich die Graffiti-Schmierereien ansieht, steht - auch schon in der Grundschule - einem pornografischen Wörterbuch gegenüber. Häufig mit entsprechenden Kritzeleien.

Hierin zeigte auch Daniel eine große Begabung. Gerne malte er sexualisierte Comics. Detailgetreu. Erschreckend.

Und ein weiteres Indiz dafür, was in seiner Familie alles passiert war.

Aber dafür interessierte sich die Schulelternschaft natürlich nicht. Am liebsten hätten es die meisten Eltern wohl gesehen, wenn er die Schule verlassen hätte.

Häufig hatte ich den Eindruck, dass Daniel in der Schule als Sündenbock diente. Es war einfach zu sagen: „Das war Daniel." Anstatt sich damit auseinanderzusetzen, dass auch Kinder aus ganz „normalen" Familien in ihrem Verhalten auffällig sein können. Was ist denn schon normal?

„Immer sagen alle, dass ICH das war! Das ist ungerecht!"

Recht hatte er!

Der Situation in der Schule setzte mich immer mehr unter Druck. Ich hatte große Sorge, dass Daniel so, wie er sich verhielt, nicht dort bleiben dürfte.

Was würde dann geschehen?

Er hatte sich mittlerweile bereits ganz gut eingewöhnt und ging gerne zur Schule. Es entwickelte sich sogar schon eine Freundschaft zu einem Mitschüler. Wenn man ihn dort nicht bleiben ließ, würde das einen weiteren Verlust für ihn bedeuten.

Und wo sollte er dann überhaupt hin?

Das würde auch unser empfindliches Gleichgewicht zu Hause stören.

Der Alltag zu Hause war nach wie vor nicht leicht. Meine eigenen Kinder waren genervt von Daniel. Es war für mich ein Spagat, allen gerecht zu werden. Ich suchte fieberhaft nach einem Au-pair, dass einem so schwierigen Kind halbwegs gewachsen war.

Mitten im Jahr gab es nicht viele Bewerber. Die wenigen, die sich meldeten, waren schon in einer Familie gescheitert und wollten sich verändern. Oft waren sie selbst noch halbe Kinder. Oder sie sprachen zu schlecht Deutsch. Das alles passte nicht in unsere schwierige Situation. Womöglich würde ich mir ein zusätzliches Problem ins Haus holen.

Doch dann schickte mir die Au-Pair-Agentur den Kontakt von Kolja aus der Ukraine. Sie war zum aktuellen Zeitpunkt schon einige Monate in Deutschland. Aber sie wollte die Gastfamilie wechseln, da man sie dort nicht gut behandelte. Als ich ihr von Daniel und seiner Geschichte erzählte, bekam sie Tränen in die Augen und war sichtlich ergriffen. Sie war mir sofort sympathisch und ich stellte sie ein.

Eine große Wahl hatte ich sowieso nicht.

Kolja war unendlich dankbar, dass sie jetzt ein eigenes Zimmer hatte und nicht mehr von morgens bis abends arbeiten musste. Und dass sie nicht mehr bei der vorherigen Gastmutter sein musste, die sogar handgreiflich geworden war. – Unglaublich, dass junge, weltoffene Menschen aus dem Ausland so ausgenutzt und schlecht behandelt werden. Was geht in den Köpfen der Gasteltern vor? Wie wollen sie ihre eigenen Kinder im Ausland behandelt wissen?

Kolja sprach sehr gut Deutsch, war fröhlich, aufgeschlossen, kompetent und resolut. Daniel und sie mochten sich sofort. Im Umgang mit ihm war sie von Anfang an konsequent, aber liebevoll. Und sie hatte Humor. Ein Glücksgriff. Kolja begleitete Daniel nun immer, wenn ich verhindert war. Das Leben zu Hause wurde sofort ein wenig unkomplizierter.

Wir alle atmeten auf.

Den nächsten Termin hatten wir beim Augenarzt. Daniel machte alle erforderlichen Tests brav mit, und es stellte sich heraus, dass er wirklich eine Fehlsichtigkeit hatte und eine Brille brauchte. Die Vorstellung, dass er bisher so schlecht sehend durchs Leben gehen musste, ging mir sehr zu Herzen. Keiner hatte das bemerkt. Armer kleiner Mensch.

Wir suchten eine witzige Kinderbrille aus, und ich hatte den Eindruck, dass er das ziemlich cool fand. Nun sah er aus wie eines dieser superintellektuellen asiatischen Kinder, die auf die englischen Eliteschulen gehen.

Kleider machen Leute!

Beim Ohrenarzt stellte sich heraus, dass Daniel sehr wohl sehr gut hören konnte. Mangelndes Hörvermögen war also nicht der Grund, warum er in der Schule nicht zuhörte und nicht auf seinem Platz blieb. Aber vielleicht blieb er nicht sitzen und rannte nach vorne, weil er die Buchstaben an der Tafel nicht erkennen konnte?! Ich hoffte sehr, dass sich das jetzt mit der neuen Brille ändern würde.

Da Daniel eine sehr nasale und undeutliche Aussprache hatte, riet mir der Ohrenarzt, einen Logopäden aufzusuchen. Also noch ein neuer Termin …

Der Logopäde, den wir konsultierten, empfahl neben seiner eigenen Therapie noch zusätzlich einen Ergotherapeuten. Das wären neben der Schule und dem Nachmittagsunterricht noch zwei weitere Termine zusätzlich in der Woche.

Ich fand es bemerkenswert, dass Daniel diese Termine sehr geduldig über sich ergehen ließ. Und sogar mitmachte. Ich glaube, er genoss es einfach, dass er zum ersten Mal in seinem Leben ausschließlich und ganz allein im Mittelpunkt stand und dass sich jede Menge Erwachsene um ihn kümmerten – freundlich und ihm zugewandt. Das kannte er überhaupt nicht.

Das Wichtigste – die Psychotherapie – hatte ich noch nicht organisieren können. Ich hatte zwar die Zustimmung von seiner Vormundin und auch die Bestätigung von seiner Krankenversicherung, aber ich fand einfach keinen freien Therapieplatz. Es gibt leider viel zu wenige Therapieplätze bei Kinderpsychotherapeuten. Die Therapeuten sind vollkommen überlastet und ausgebucht.

Bei meiner telefonischen Anfrage – „Guten Tag, ich hätte gern einen Termin zur Vorstellung meines siebenjährigen Pflegesohns, er braucht einen Therapieplatz" – wurde ich regelmäßig abgewiesen. Irgendwann später erfuhr ich, dass fast alle Psychotherapeuten äußerst ungern Pflegekinder annehmen.

Warum?

Weil die Erfolgsquote so gering und die Rückfallquote so groß ist.

Häufig kommen die Kinder irgendwann wieder in ihre Stammfamilie, und dann fängt alles wieder von vorne an. Deshalb werden die wenigen freien Therapieplätze lieber an „normale" Kinder vergeben.

Was ist schon normal?

Bezogen auf die Ursachen von Daniels „Nicht-normal-Sein" reichten die Vermutungen des Jugendamts, der Lehrer und auch des Kinderarztes von FAS oder ADHS bis Autismus. Die Diagnose konnte nur ein Psychiater stellen.

FAS steht für „Fetales Alkoholsyndrom", eine vorgeburtliche Schädigung des Kindes durch Alkoholkonsum der Mutter während der Schwangerschaft. Diese Kinder haben körperliche Entwicklungsstörungen und sind verhaltensauffällig.

ADHS bedeutet „Aufmerksamkeitsdefizit-Hyperaktivitätsstörung" und ist eine Entwicklungsverzögerung des Selbstmanagement-Systems im Gehirn. Diese kann durch genetische oder auch durch Umweltfaktoren entstehen.

Autismus ist eine tiefgreifende Entwicklungsstörung, die durch Beeinträchtigung der Kommunikation, der sozialen Beziehungen und durch ein beschränktes Repertoire an Aktivitäten gekennzeichnet ist.

Letztendlich war es eigentlich egal, was es war oder warum es so war. Daniel brauchte in jedem Fall therapeutische Hilfe.

Und ich eigentlich auch.

Oft wusste ich einfach nicht, wie ich mich richtig verhalten sollte. Wie ich auf seine Ausfälle reagieren sollte. Gesunder Menschenverstand und Lebenserfahrung reichten nicht aus.

Daniel verhielt sich immer anders als erwartet.

Wenn mit einem Intelligenztest nachgewiesen würde, wie clever Daniel war, wäre das vielleicht eine Legitimation, auf seiner Schule bleiben zu können?! Andere Kinder mit ADHS wurden auch an normalen Grundschulen beschult.

Wenn er denn überhaupt ADHS hatte.

PSYCHIATRIE ODER HOCHBEGABT.

Ich organisierte einen Termin beim Psychiater – in der Hoffnung, dass dieser uns dann an einen Therapeuten überweisen würde. Die Wartezeit für diesen Termin war ebenfalls lang. Es war zermürbend.
Wir brauchten JETZT Hilfe!
Nicht erst im Januar des nächsten Jahres.
Ich war nach wie vor in großer Sorge, dass die Schule Daniel nicht länger akzeptieren würde und er wechseln musste.
Aber wohin dann? Sonderschule? Förderschule?
Diese Einrichtungen sind für Kinder, die in ihren Bildungs-, Entwicklungs- und Lernmöglichkeiten als mehr oder weniger schwerbehindert bezeichnet werden.
Das war Daniel aber sicher nicht.
Daniel war auffallend schlau. Eventuell überdurchschnittlich schlau. Er würde sich an einer solchen Schule entsetzlich langweilen und dann erst recht mit seinem Verhalten rebellieren.
„Laaaangweilig!"
Für Kinder wie Daniel bietet unser Schulsystem keine passenden Lösungsmöglichkeiten.

Durch den Einsatz unseres Kinderarztes bekam ich endlich einen Termin bei einer Kinder- und Jugendpsychiaterin. Die Ergebnisse der bisherigen Voruntersuchungen und alles, was ich an Informationen und Unterlagen aus seinem früheren Leben zusammentragen konnte, hatte ich schon vorab dorthin geschickt. Daniel sollte in dieser Praxis auf alles, was überhaupt in Betracht kam, getestet werden.
Das war der Plan.
FAS. ADHS. Autismus. Intelligenztest. Reaktionsvermögen. Feinmotorik. Grobmotorik.
Obwohl ich ausdrücklich darum bat, ließ man mich bei den diversen Tests nicht dabei sein.

„Die Eltern verfälschen das Bild. Deshalb testen wir immer ohne Eltern. Das geht gar nicht anders."

Daniel in einem fremden Raum? Mit fremden Menschen? Das konnte nicht gut gehen.

Und so war es auch.

Er verweigerte die Mitarbeit.

Fing alle gestellten Aufgaben an, brachte sie aber nicht zu Ende.

Begann von hinten.

Schmiss die Aufstellungsfiguren durcheinander.

War bockig.

Konnte noch nicht einmal mehr seinen Namen richtig schreiben.

„Das ist scheißlangweilig! Ich will das nicht machen!", hörte ich ihn durch die verschlossene Tür brüllen.

Ich saß im Vorzimmer und fühlte mich schrecklich.

Am liebsten wäre ich in das Untersuchungszimmer gegangen und hätte alles sofort abbrechen lassen.

Aber es war nicht mein Kind.

Ich unterstand dem Jugendamt und der bestellten Vormundin, konnte also nichts anderes machen, als abzuwarten, bis sie fertig waren.

Nach einer gefühlten Ewigkeit bat die Psychiaterin mich dann in ihr Büro und schickte Daniel ins Wartezimmer. Er warf mir einen bitterbösen Blick zu.

„Das war echt scheiße!"

Was dann geschah, konnte ich nicht fassen. Die Psychiaterin riet mir nachdrücklich, Daniel in der geschlossenen Psychiatrie unterzubringen.

„Das Kind muss in die Hände eines Profis. Am besten in der Universitätsklinik. Damit werden Sie nicht fertig werden."

Ich glaubte, nicht richtig zu hören.

Daniel in eine Klinik?

Allein?

Ohne liebevolle Zuwendung?

Hatte ich sein Verhalten unterschätzt?

Hatte ich mich überschätzt?

Die Ärztin würde den Kollegen in der Klinik in jedem Fall raten, dem Kind Ritalin zu geben, um überhaupt mit ihm arbeiten zu können.

Ritalin?!

Ruhigstellen?!

Diese großartigen Fähigkeiten, die sich hinter seinem Verhalten verbargen, eindämmen?

In mir sträubte sich alles dagegen.

Am liebsten hätte ich den Raum sofort verlassen. Aber das konnte ich eben leider nicht.

Weil ich nicht die Vormundschaft für Daniel hatte, musste ich mir das alles bis zum Ende anhören.

War Daniel wirklich so auffällig, dass er tatsächlich in eine geschlossene Anstalt musste? Schätzte ich die Situation falsch ein? Für mich war er einfach nur unerzogen, unerfahren und unwissend. So ähnlich wie bei Kasper Hauser. Damit entsprach er nicht der Norm, war unbequem, und keiner hatte Lust und Muße, sich damit auseinanderzusetzen.

So einfach war das.

Für mich.

Ich war der festen Überzeugung, dass sich sein Verhalten allmählich bessern würde. Er war schlau und emphatisch. Außerdem hatte er in ruhigen Momenten eine sehr gute Eigenreflektion. Er würde sicher mit unserer aller Hilfe vieles nachholen und lernen können.

Diese Zeit musste man ihm doch geben?!

Aber ich war weder Psychologin und noch Psychiaterin.

Vielleicht hatte ich mich in eine Vorstellung verrannt.

Von den möglichen Kriterien für ADHS, FAS oder Autismus zeigten sich bei den diversen Tests nur einige wenige. Damit könne man diese Diagnosen beinahe ausschließen, hieß es.

Das Ergebnis des Intelligenztestes war unter diesen Umständen überhaupt nicht relevant.

Genau betrachtet war keine der Testungen aussagekräftig, weil Daniel sich komplett verweigert hatte. Somit war ja eigentlich auch die Diagnose, ihn in der geschlossenen Psychiatrie unterbringen zu müssen, irrelevant?!

Ich war in großer innerlicher Aufruhr und Sorge.

Womöglich hatte ich mit meinem Antrag auf Konsultation der Psychiaterin etwas in Gang gesetzt, das ich nun nicht mehr aufhalten konnte. Wenn die Vormundin Frau Dahmen den Untersuchungsbericht der Ärztin lesen und anschließend darauf bestehen würde, dass Daniel tatsächlich in die Uniklinik käme, könnte ich daran nichts ändern.

Eine schreckliche Vorstellung!

Ich telefonierte lange mit Frau Dahmen. Sie ließ sich nur sehr schwer davon überzeugen, noch eine zweite Meinung einzuholen. Sie schien nicht über den Tellerrand schauen zu wollen und nach einer anderen Lösung für Daniel zu suchen. Für sie gab es nur den regulären Dienstweg. In einem zähen und auch sehr emotionalen Gespräch einigten wir uns schließlich darauf, dass Daniel noch einmal vom ReBBZ, dem Regionalen Bildungs- und Beratungszentrum, getestet werden sollte.

Das Regionale Bildungs- und Beratungszentrum (ReBBZ) ist eine staatliche Institution, die mit den Schulen zusammenarbeitet.

Vielleicht war er ja tatsächlich hochbegabt.

Das würde einiges erklären.

Mit den entsprechenden Befunden würden sich neue Wege eröffnen.

Als Privatpatient kann man privat Lösungen finden.

Als Kassenpatient nicht.

So sieht es der Gesetzgeber vor.

Nach einer langen Wartezeit hatten wir endlich einen Termin beim ReBBZ, um den Intelligenztest noch einmal zu wiederholen. Die Ergebnisse der vorherigen Untersuchungen hatte ich zum Vergleich bereits in die dortige Praxis gesendet.

Ich erklärte Daniel eindringlich, wie wichtig das Ergebnis dieses Tests für ihn war. Und ich versprach ihm, dass ich nebenan im Wartezimmer auf ihn warten würde.

„Wenn du den Test bis zum Ende durchmachst, gehe ich danach mit dir Eis essen."

„Okay ... Wenn's sein muss ..."

„Danilo, das ist jetzt wirklich ernst. Du musst bis zum Ende mitmachen und richtig gut sein! Also richtig, richtig gut. So gut, wie du nur irgendwie kannst!"

„Okay ..."

„Wenn du es wirklich gut machst, darfst du das ganze nächste Wochenende Computer spielen."

„Oh ja! Coool! Wirklich?!"

„Ja. Versprochen."

Am Tag des Tests wiederholte ich meine Bitte und mein Versprechen noch mindestens zehnmal, um sicherzugehen, dass er es verstanden hatte.

„Jaaaaa. Mannooo! Weiß ich doch! Du nervst!"

In der Praxis begrüßte er die Psychologin des ReBBZ strahlend.

„Hallöööchen! Ich weiß schon, was ich machen muss. Kann's losgehen?"

Mit einem siegesgewissen Lächeln folgte er ihr in den Testraum.

Ich blieb wie versprochen im Wartezimmer sitzen. Aus dem Raum nebenan war nichts zu hören. Nach einer Stunde kam er triumphierend raus.

Strahlend.

„Alles ordnungsgemäß erledigt. Kann ich gleich an den Computer, wenn wir zu Hause sind?"

Ich musste lachen.

„Klar, versprochen ist versprochen!"

Die Psychologin bestätigte, dass er wirklich sehr gut mitgemacht hatte. Sobald sie den Test ausgewertet habe, werde sie mich anrufen. Ich war sehr gespannt und fieberte diesem Anruf entgegen. Und tatsächlich war es so, dass er den Test mit einem hohen Wert absolviert hatte.

Der Test zeigte aber auch, dass Daniel durchaus noch ein viel besseres Ergebnis erzielen könnte. Trotz seines sichtlichen Bemühens war im Ergebnis ganz deutlich seine Sprunghaftigkeit und sein mangelndes Konzentrationsvermögen zu bemerken. Die Psychologin vermutete, dass, wenn er den Test mehrmals machen würde, je nach Tagesform jedes Mal ein anderes Ergebnis dabei herauskäme.

Das war mir vorerst vollkommen egal.

Hauptsache, er hatte diesen Test jetzt mit einem hohen Wert beendet. Dieses Ergebnis würde hoffentlich für Daniels weiteren Verbleib an der Schule hilfreich sein.

Und eine Schulbegleitung ebenso.

SCHULBEGLEITUNG.

Um die Bewilligung der Schulbegleitung von der Schulbehörde zu bekommen, wurde geprüft, ob Daniel auch wirklich eine Schulbegleitung brauchte. Ein Mitarbeiter des ReBBZ hospitierte einen Tag in Daniels Klasse. Dieses Unterfangen war beileibe kein Selbstgänger, denn es gab bei Daniel ja gute und schlechte Tage. An einem der besonders guten Tage hätte man ihn bestimmt nicht als verhaltensauffällig eingestuft. Aber diese Tage gab es leider ausgesprochen selten. An anderen Tagen war sein Fehlverhalten offensichtlich.

Im Anschluss an diese Überprüfung wurde ein Gutachten erstellt, und aufgrund dieses Gutachtens wurde beschlossen, dass Daniel eine Schulbegleitung zur Seite gestellt werden sollte. Vorerst acht Stunden wöchentlich bis zu den Sommerferien.

Acht von circa fünfundzwanzig Schulstunden. Ein Tropfen auf den heißen Stein. Aber besser als gar nichts!

Ich war dankbar für alles, was helfen könnte.

Das ganze Verfahren hatte wieder einige Wochen gedauert.

Die Zeit drängte.

Die Schulleitung und die Eltern hatten immer weniger Verständnis für Daniel.

Daniel störte den Unterricht.

Er blieb nicht sitzen.

Er bekam unkontrollierbare Wutanfälle.

Es gab keine Woche, in der ich nicht mindestens einmal alles stehen und liegen lassen musste, um Daniel von der Schule abzuholen.

Dann war irgendeine Situation eskaliert.

Es konnte passieren, dass er dann brüllend Stühle durch den Klassenraum schmiss.

Sich einschloss. Mit den Füßen gegen die Türen trat. Gegenstände aus dem Fenster warf ...

Nach so einem Anfall blieb er dann - da, wo er gerade war, - erschöpft sitzen, zog sich den Pullover über den Kopf, wiegte sich hin und her und war nicht mehr ansprechbar.

Von niemandem außer mir.

Wenn der Anfall vorbei war und er sich wieder beruhigt hatte, konnten wir darüber sprechen. Er hatte wie gesagt eine erstaunlich gute Eigenreflektion und wusste genau, wo sein Fehler lag und wie er es hätte besser machen können. Aber er konnte sich in der akuten Situation einfach nicht steuern.

„Geh zu einem Erwachsenen und lass dir helfen", war immer wieder mein Ratschlag.

Aber er konnte es nicht umsetzen.

Bei jedem Ausflug, bei jeder Wanderung, jedem Museumsbesuch und jeder Theateraufführung musste ich als Begleitung mit. Um Schlimmstes zu verhindern. Abgesehen davon, wollte ich mir damit aber auch das „Wohlwollen" der Schule erhalten. Und ich gab Daniel mit meiner Begleitung das Gefühl, für ihn da zu sein.

Es gibt ja häufig Eltern, die als Begleitpersonen mitgehen. Das hatte er so bisher noch nicht erleben dürfen. Tatsächliche Anteilnahme an seinem Leben, Interesse an ihm, an seiner Person. Begleitung. Meinen eigenen Kindern wäre das eher peinlich gewesen.

Er fand es schön und genoss es.

Die einzige, die immer sehr klar und gelassen blieb, war seine großartige Klassenlehrerin Frau Mertens. Sie setzte sich allgegenwärtig für ihn ein.

Gegen das Kollegium und gegen die aufgebrachte Elternschaft.

Sie war – egal was passierte – sein Fels in der Brandung.

Ein wichtiger Grundstein in dieser Lebensphase von Daniel.

Danke!

Im Grunde hatte ich den Verlauf eines Schultages in der Hand. Wenn es morgens vor der Schule keinen Streit mit mir gab, lief der Schultag häufig friedlich ab. Aber dieser morgendliche Zwist ließ sich meist kaum vermeiden. Leider häufig auch die dazugehörige Lautstärke. Sehr zur „Freude" der Nachbarn.

„Danilo, aufstehen!"
„Nö!"
„Danilo, anziehen!"
„Nö!"
„Zähneputzen!"
„Nö!"
„Du musst los. Es ist spät."
„Nö."
„Daniiiiell!"
„Du neeeervst!"
„DU auch!"
Türen schlagen seinerseits.
Bemühung um tiefes Durchatmen meinerseits.

Daniel war nun schon mehr als ein Jahr bei uns, da hätten eigentlich einige Dinge des Alltags schon zur Routine geworden sein können. Zum Beispiel die Körperhygiene. Aber ich musste jeden Morgen dieselbe Litanei herunterbeten.

„Putz dir die Zähne!"
„Wasch dir die Hände!"
„Kämm dir die Haare!"
„Wasch dir das Gesicht!"
„Bitteee!"
„JETZT!"
Irgendwann verlor ich dann die Geduld.
„Meine Güte! Das kann doch gar nicht wahr sein, dass du das jeden Morgen vergisst?! Das hat dir doch sicher deine Mutter schon beigebracht!?"
Er schaute mich trotzig an und dachte eine Weile nach.
„Ehrlich gesagt hat uns unsere Mutter eigentlich gar nix beigebracht. Wirklich rein gar nix!"
Wenn ich in der morgendlichen Situation wütend wurde und zu

schimpfen begann, war das Kind schon in den Brunnen gefallen. Bockig und verstockt schlurfte Daniel betont langsam in die Schule. Seine Körpersprache sagte alles. Der Junge war zehn Zentimeter kleiner – hängender Kopf, vorgeschobene Unterlippe, hängende Schultern. Der erste, der ihm in der Schule mit einer Ansage entgegenkam, war dann der Auslöser für einen heftigen emotionalen Ausbruch.

Und dann war der Schultag eigentlich gelaufen.

Ungefähr sechs Wochen vor den Sommerferien fand sich endlich eine Schulbegleitung. Die Behörden arbeiten langsam. Nach den Ferien würde das ganze Prozedere also wieder von vorne losgehen.

Antrag stellen. Gutachten. Stellenausschreibung. Bewerber finden.

Aber nun war erst einmal Carina da. Sie war Studentin und wollte Grundschullehrerin werden. Dafür musste sie im Rahmen ihres Studiums ein Praktikum im Schulalltag absolvieren. Als Schulbegleitung für Daniel. Ob sie überhaupt dafür geeignet war? Ob die beiden zusammenarbeiten könnten?

Egal, es gab keine Auswahl.

Alle Beteiligten waren erleichtert, dass nun überhaupt irgendjemand zu Hilfe kam. In der Klasse wurde Carina als Praktikantin vorgestellt, die für alle Kinder zuständig sei. Wir wollten nicht, dass Daniel – mit seiner Schulbegleitung – schon wieder eine Sonderstellung einnehmen musste. In Wirklichkeit war Carina nur für Daniel zuständig. Und das war gut so. Die Elternschaft nahm es wohlwollend zur Kenntnis.

Ich konnte aufatmen.

Carina sollte darauf achten, dass Daniel nicht in die Klasse rief und nicht durch die Klasse lief.

Dass er zuhörte.

Sein Arbeitsmaterial beisammenhielt.

Seine Arbeiten und Aufgabenblätter erledigte.

Nicht plötzlich anfing zu essen.

Nicht mit dem Stuhl kippelte.

Keine Rhythmen mit dem Bleistift auf das Pult trommelte.

Dass er nach der Pause auch wieder im Klassenraum erschien.
Freundlich und respektvoll zu den Mitschülern und den Lehrern war.
Sein Sportzeug an- und auch wieder auszog.
Nicht einfach den Raum verließ, wenn es ihm gerade so in den Sinn kam.
Und so weiter ...
Eine echte Herausforderung.

Leider war Carina aber eben nur acht von insgesamt 25 Schulstunden in der Woche anwesend. Man mag sich vorstellen, wie die restlichen 17 Schulstunden zu bewältigen waren.
27 Kinder in der Klasse, davon drei Inklusionskinder.
Eines davon Daniel.
Ein Kind, dass unter Autismus litt.
Und ein Kind mit einer starken körperlichen Beeinträchtigung.
Dieses Kind blieb immer hinter den anderen zurück und war dadurch schwer erreichbar.
Der Autist war wie ein Trabant immer um die Klasse herum, aber nicht erreichbar.
Und Daniel war immer ganz vorneweg, machte sein Ding und war dadurch nicht erreichbar.
Dazu dann die restlichen 24 Schüler, von denen der ein oder andere auch eine Sonderstellung einnahm.
Gottseidank wurde die Klasse stundenweise von einer Sonderpädagogin begleitet. Und hin und wieder gab es Unterstützung durch Studenten im Volontariat. Als zusätzliche Hilfe war nun Carina auch noch dabei.
Und das war gut so.

Die Idee der Inklusion an unseren Schulen ist grundsätzlich gut. Aber es fehlt an kompetentem Fachpersonal, an entsprechender Zusatzausbildung der vorhandenen Lehrer, an den notwendigen Differenzierungsräumen und vielem mehr, um die Inklusion auch erfolgreich umsetzen zu können.

Daniel war nicht besonders begeistert von seiner Schulbegleitung. Aber er ließ sich darauf ein. Wieder ein neuer Mensch, mit dem er sich auseinandersetzen musste. Den er akzeptieren und dem er „gehorchen" musste. Das fiel ihm grundsätzlich schwer, egal wie kompetent und verständnisvoll Carina war.

„Will ich nich!"
„Mach ich aber nich!"
„Keine Lust!"
„Kenn ich schon!"
„Weiß ich schon!"
„Laaangweilig!"

Langeweile bedeutete für ihn nicht nur, nichts zu tun zu haben, sondern auch etwas machen zu müssen, was er nicht wollte. Entweder weil er grundsätzlich keine Lust darauf hatte oder weil er es tatsächlich schon kannte. Vermutlich hatte er sich deshalb in seiner alten Klasse komplett verweigert. Und aus diesem Grund hatte man befürchtet, dass er gar nicht beschulbar wäre.

Aber nun hatte er Carina als tatkräftige Unterstützung an seiner Seite.

Das Kollegium in der Schule war der Meinung, Daniel könne sich gar nicht anders verhalten.

Ich hatte eher das Gefühl, dass er tatsächlich nicht die Notwendigkeit sah, sich anders zu verhalten.

Ich wettete mit seiner Klassenlehrerin und der Sonderpädagogin, dass er das gewünschte Betragen mit Sicherheit einen ganzen Tag durchhalten könne, wenn man ihm eine besondere Belohnung versprach.

Ich war mir sicher, dass ich die Wette gewinnen würde.

„Wenn du dich den ganzen Tag richtig gut benimmst, sitzen bleibst, nicht störst, nicht in die Klasse rufst und alles machst, was von dir verlangt wird, dann – aber nur dann – darfst du am Samstag den ganzen Tag Computer spielen. So lange du willst. Bis du umfällst!"

„Boaaaah. Echt jetzt?"

Ich nickte ihm aufmunternd zu.

„Ja. Aber du musst dich wirklich genau wie jeder andere Schüler benehmen. Besser noch, so wie ein Streber. Richtig, richtig brav."

„Okay. Kein Problem!"

Er grinste bis über beide Ohren.

Wir hatten den kommenden Freitag verabredet. Morgens rief ich Frau Mertens an, und wir verabredeten, dass sie mich zum Schulende anrufen würde, ob unser Experiment funktioniert hätte.

Mittags um kurz vor zwei Uhr kam ein strahlender Daniel aus der Schule nach Hause.

„Hallööööchen!"

„Naaaaa, du Rabauke, wie war es?"

„Hat alles fabelhaft geklappt. Ich war richtig gut! Kann ich jetzt Computer spielen?"

„Ja, aber ich warte erst noch den Anruf von Frau Mertens ab. Du sagst ja leider nicht immer die Wahrheit!"

„Das ist gemein! Ich hab alles gemacht! Das ist ungerecht!"

Gottseidank rief Frau Mertens kurz darauf an und bestätigte, dass Daniel einen hervorragenden Schultag absolviert hatte. Sie war begeistert.

Er konnte es also doch!

Es war alles nur eine Frage der entsprechenden Motivation.

Nachdem wir nun erkannt hatten, dass Daniel sich grundsätzlich sehr wohl gut benehmen konnte, dachten Frau Mertens und ich uns ein Belohnungskonzept aus. Damit wollten wir ihn motivieren, sich im Schulalltag angemessen zu verhalten.

Wir gestalteten einen Wochenplan und darauf wurde jeden Tag ein Smiley gestempelt. Für einen besonders guten Tag gab es einen strahlenden Smiley. Für einen mittelmäßigen Tag gab es einen neutralen Smiley und an einem schlechtem Tag gab es einen traurigen mit heruntergezogenen Mundwinkeln. Wenn am Ende der Woche mehr strahlende als traurige Smileys im Heft klebten, gab es zur Belohnung ein Taschenbuch von Micky Maus.

Natürlich klappte das nicht immer.

Es gab trotzdem viele schlechte Tage.

„Is mir total scheißegal, ob ich einen lachenden Smiley habe oder nich. Ich brauch auch kein Micky-Buch!", tobte er an solchen Tagen.

Aber er war auch stolz und freudig, wenn er freitags seine Belohnung bekam. Tatsächlich war dieses Belohnungskonzept eine weitere Hilfestellung für Daniel, für die Klasse und auch für die Lehrer, um den Schultag zu entlasten.

SOMMERFERIEN. WINTERFERIEN.

Dann kamen die Sommerferien – und für Daniel der erste Urlaub seines Lebens.

Er war noch nie in Urlaub gefahren. Man hatte mir aber erzählt, dass er einmal zur Kur in ein Kinderheim an der Ostsee hatte fahren dürfen. Da war er fünf Jahre alt. Damals sollte er eine Weile dem häuslichen Stress entkommen und sich erholen.

Ein Fünfjähriger, fünf Wochen ohne seine Mutter, weit weg von der Familie und in einer völlig fremden Umgebung.

Meine Kinder wären gestorben vor Heimweh.

Später erzählte er mir einmal, dass es dort so schön war, dass er gar nicht mehr zurück nach Hause zu seiner Mutter, zu seiner Familie wollte.

Wir hatten beschlossen, in den Sommerferien nach Ibiza zu fliegen – meine beiden jüngsten Söhne, Daniel und ich. Daniel war schon Tage vorher sehr aufgeregt. Und am Flughafen beim Check-in hatte ich große Mühe, ihn nicht in der Menge der Reisenden zu verlieren. Er kannte zwar mittlerweile meine Handynummer auswendig, aber ich hatte sie ihm vorsichtshalber auch noch auf die Hand geschrieben.

„Was machst du, wenn du uns verlierst?"

Er rollte mit den Augen.

„Dann geh ich zu einem Erwachsenen und frag, ob ich dich anrufen kann."

Wir hatten dieses Szenario schon x-mal durchgespielt. Er war total genervt davon, da er gar keine Angst davor zu haben schien.

Ich aber umso mehr.

Allein die zweieinhalb Stunden Flug waren eine Herausforderung. Auf solchen kurzen Flügen gibt es keine Animation und kein Kinoprogramm. Ich hatte einen uralten Gameboy meiner Kinder aktiviert, auf dem er Super Mario spielen konnte.

Er protestierte zuerst heftig.

„Das is voll langweilig! Uralt! Peinlich!"

Aber er fügte sich in sein „schreckliches Schicksal". Besser als rumzusitzen und sich langweilen zu müssen.

Dann saß Daniel zum ersten Mal in einem Flieger.

Er war so überdreht, dass er gar nicht zum Gameboy-Spielen kam.

Redete wie ein Wasserfall.

Kommentierte alles, was er sah und was um ihn herum geschah.

„Krass!"

Es war extrem anstrengend und ich hätte mir dieses eine Mal sehr gewünscht, dass er sich mit dem Gameboy beschäftigt hätte.

Obwohl ich ihn schon mehrfach zurechtgewiesen hatte, redete er mit den Leuten in der Sitzreihe vor uns.

Und hinter uns.

Und mit den Stewardessen.

Er hatte überhaupt keinen Respekt und sah sich offenbar auf der gleichen Ebene wie die Erwachsenen.

Distanzlos.

Meine Hinweise und Appelle nahm er gar nicht zur Kenntnis.

„Lass mich. Die finden das doch gut. Ich bin doch nett. Das willst du doch immer."

Es sollte nicht zur Eskalation kommen, die Szenerie war zu heikel. Ich mochte mir gar nicht vorstellen, was passieren würde, wenn er im Flieger einen seiner berüchtigten Ausbrüche bekäme.

Gottseidank fühlte sich tatsächlich niemand der anderen Reisenden von ihm gestört. Oder sie zeigten es nicht.

Und dadurch lief Daniel zur Höchstform auf.

War charmant. Lebhaft. Witzig. Laut.

„Das ist aber ein aufgeschlossenes Kind."

„So niedlich."

Ich war machtlos. Er machte, was er wollte.

Irgendwie schaffte er es, eine Stewardess zu überzeugen, und durfte tatsächlich nach der Landung ins Cockpit schauen. Dort begann er sofort ein Gespräch mit dem Piloten, und ich konnte ihn nur mit Mühe überreden, mit uns zur Gepäckausgabe zu gehen.

„Lass mich! Das is voll cool hier."

Ich schob und zog den laut protestierenden Daniel hinter mir her. Und natürlich drehten sich alle nach uns um. Paul und Simon, meinen Söhnen, war das extrem peinlich. Sie taten so, als wenn sie gar nicht zu uns gehören würden.

Daniel hampelte die ganze Zeit auf dem Gepäckband herum und wollte darauf sitzend mitfahren.

Mehrmals wurde er – nein, ich – vom Sicherheitspersonal zurechtgewiesen. Kaum drehte der Mann sich um, versuchte Daniel, wieder auf dem Band mitzufahren. Jetzt stehend. Es war nervenzerreibend.

Als die Koffer endlich kamen, war Daniel plötzlich verschwunden. Ich wurde leicht bis mittelgradig panisch.

Meine Söhne waren inzwischen völlig entnervt und ließen mich das auch spüren.

„Kann der nicht EINMAL funktionieren und normal sein?!"

„Nein, Leute, kann er scheinbar noch nicht. Aber ICH kann NICHTS dafür!"

Diese ständigen Vorwürfe machten mich leicht aggressiv.

Ich atmete tief durch und wir gingen zum nächsten Informationsschalter.

Und dort stand: ein strahlender Daniel, der munter mit dem Bodenpersonal hinter dem Tresen plauderte.

„Wo wart ihr denn? Plötzlich wart ihr weg!"

Oh Mann, Daniel! Mir fiel ein Stein vom Herzen.

„Du hast mir doch gesagt, ich soll zum Infostand gehen. – Ich habe alles richtig gemacht!"

„Jaaa, Daniel, alles gut!"

Meine Jungs rollten mit den Augen. Sie hatten allen Grund.

Mittlerweile war natürlich der Bus, der uns zu unserer Ferienwohnung bringen sollte, weg.

Eine Stunde Wartezeit bis zum nächsten.

Wir waren alle hungrig, müde und erholungsbedürftig.
Die Stimmung war auf dem Nullpunkt.
Als der Bus dann endlich kam, waren wir alle froh. Daniel schlief ein, kaum dass wir auf der Rückbank saßen. Von den vielen neuen Eindrücken war er wohl ziemlich erschöpft.
Wir bezogen unsere Ferienwohnung, und der Urlaub konnte beginnen.

Daniel lebte die ganzen zehn Tage mehr oder weniger im – besser gesagt: unter – Wasser. Entweder tauchte er im Pool oder er tauchte im Meer. Bewaffnet mit einer riesigen Taucherbrille, Schnorchel und Flossen. Man konnte sein kleines Gesicht kaum erkennen.
Mittlerweile konnte er sehr gut schwimmen und genoss das ganz offensichtlich.
Glücklicherweise blieb er von sich aus immer in der Nähe des Strandes. Er war von Grund auf vorsichtig und setzte sich keiner Gefahr aus. Er achtete immer sehr auf sich. Deshalb musste ich mir keine Sorgen machen, dass er zu weit hinausschwimmen würde. Klein und leicht wie er war, ließ er sich von der sanften Brandung des Mittelmeers tragen. Auf und ab schaukeln.
Ich hatte das Gefühl, dass dieses Schwimmen und Tauchen wie eine Art Therapie für ihn war. Als ob er in dem warmen Wasser wie im Mutterleib schwimmen würde.
Es war nur schwer möglich, ihn aus dem Wasser herauszubekommen. Hin und wieder sollte er ja schließlich etwas essen, trinken und sich mit Sonnenschutz eincremen lassen.
„Ich will das nicht. Ich bin nicht hungrig. Muss das sein? Das ist blöd!"
Abends war er von der Taucherei todmüde und schlief sofort ein.
Angenehm für uns alle.

Er genoss diese Tage in vollen Zügen. Die Sonne. Die Wärme. Das warme Meer mit seinen Wellen. Noch nie hatte er so etwas erlebt.
Dennoch kam es natürlich zu dem einen oder anderen Eklat.
Wir trafen uns zum Beispiel mit Freunden zum Abendessen im Restaurant.

Ich hatte sie auf Daniel, unser neues Familienmitglied, vorbereitet und sie begrüßten ihn ganz besonders herzlich.

Daniel reagierte jedoch nicht darauf, sondern war äußerst unfreundlich. Er sah nicht hoch, grüßte nicht zurück und antwortete nicht auf die wohlmeinenden Fragen.

Ein mürrisches „Ja" oder „Nö" war das Äußerste, was er von sich gab, ohne sein Gegenüber auch nur anzusehen.

Ich nahm ihn zur Seite und wies ihn zurecht.

Er wurde noch bockiger.

„Ich kenn die doch gar nich. DU sagst doch immer zu mir, ich soll nicht mit fremden Menschen reden!"

Das war seine Logik.

Immer eine Erklärung.

Immer eine Ausrede.

Das machte mich regelmäßig wütend.

Ich klärte ihn noch einmal darüber auf, wie man sich richtig verhält.

Guten Tag sagen. Das Gegenüber ansehen. Fragen beantworten.

Freundlich sein.

Er wurde immer unwilliger.

Ich hatte Sorge, dass die Situation eskalierte und ließ es gut sein.

Wenig später kam die Bedienung an unseren Tisch, um unsere Bestellung aufzunehmen.

Daniel stand sofort auf und gab dem vollkommen verdutzten Kellner die Hand.

„Guten Tag. Ich bin Daniel Wittke."

Okay.

Mission erledigt.

An einem Nachmittag saßen wir in einem kleinen Café auf der Rambla von Santa Gertrudis.

Im Schatten der Platanen ließ es sich gut aushalten. Es war eine typisch mediterrane Atmosphäre. Kinder spielten Hüpfekästchen.

Frauen saßen auf den Parkbänken und plauderten miteinander und die Männer standen beieinander, rauchten und spielten Boule. Zwei alte Männer saßen in unserer Nähe und spielten Schach. Einige andere standen darum herum, schauten dem Spiel zu und diskutierten über die einzelnen Schachzüge.

Daniel langweilte sich bei uns am Tisch. Er ging zu den Spielern und beobachtete den Verlauf des Spiels.

Ich achtete nicht so richtig auf ihn, weil wir uns angeregt miteinander unterhielten.

Als ich kurz zu Daniel hinüberschaute, gestikulierte er mit den Händen und deutete immer wieder auf das Schachspiel.

Er sprach zwar kein Spanisch, aber er konnte recht gut Schach spielen. Mein ältester Sohn David hatte es ihm beigebracht, und die beiden spielten häufig miteinander.

Als ich nach einer Weile wieder zu den Schachspielern – und vor allem nach Daniel – sah, stand er neben einem der Spieler und verschob dessen Schachfiguren.

Ich wollte mich sofort einmischen und mich für Daniels Verhalten entschuldigen, aber der Schachspieler klopfte ihm lobend auf die Schulter.

Schach matt.

Die beiden hatten das Spiel gewonnen. Die Gruppe applaudierte.

Dann saß Daniel allein am Schachbrett und spielte gegen einen anderen Mann.

Die Gruppe beobachtete das Spiel.

Ich konnte es kaum fassen. Er war doch gerade erst acht Jahre alt.

Als wir nach einer Stunde endlich aufbrechen wollten, war Daniel äußerst widerwillig und fing an zu diskutieren.

„Ich will nich weg. Du kannst mich doch später hier abholen."

Auch wenn sicherlich niemand aus der Gruppe der Schachzuschauer Deutsch verstand, war offensichtlich, dass Daniel gern weiterspielen wollte. Die Männer lächelten und klopften ihm erneut wohlwollend und voller Anerkennung auf die Schulter.

Er strahlte. War stolz. Vergaß seinen Ärger.

Wir verabschiedeten uns.

Auch meine Söhne waren beeindruckt.

„Coole Sache, Danilo."

Ein anderes Mal verlief so eine Situation aber ganz anders.

Auf dem Dorfplatz in Sant Josep tranken wir etwas in einer Bar. Im Park gegenüber stand ein großes Schachspiel. Die Figuren waren fast so groß wie Daniel.

Ihm war langweilig und ich erlaubte ihm, dorthin zu gehen.

Es war Mittagszeit, und es waren keine anderen Spieler da. Der Platz war menschenleer.

Nach einer Weile schaute ich zu ihm rüber und sah, wie er die großen Schachfiguren mit voller Wucht auf den Boden schmiss. Schmetterte.

Sie waren aus Plastik und wippten nach dem Aufprall eine ganze Zeit lang heftig hin und her.

Er hatte den größten Spaß daran. Und offensichtlich überhaupt keine Idee davon, dass sie zerbersten könnten.

„Sag mal, spinnst du? Was soll denn das? Du machst doch das Spiel kaputt!"

Ich war wirklich empört und hatte Sorge, dass wir Ärger bekommen würden.

„Wieso? Das ist doch lustig!"

Er hatte kein Einsehen und ließ sich nur widerstrebend vom Schachspiel wegziehen.

Es kam auch in diesem Urlaub immer wieder zu Zusammenstößen mit anderen Menschen.

Besonders mit Kindern.

Es gab am Strand einen Spielplatz, und wenn Daniel eine Zwangspause vom Tauchen machen sollte, ging er dorthin. Seine Stimmung war dann schlecht, weil er lieber im Wasser geblieben wäre. Mürrisch saß er vor dem Klettergerüst und schmiss mit Sand um sich, auf sich und irgendwann dann auch auf die anderen Kinder.

Die anwesenden Eltern baten ihn, damit aufzuhören.

Aber er machte immer weiter.

Tat so, als hätte er es nicht gehört.

Am liebsten hätte ich so getan, als gehörte er nicht zu mir. Aber das ging natürlich nicht.

Wenn ich nicht gleich von jemandem angesprochen wurde, musste ich mich irgendwann doch einschalten. Es konnte sein, dass er sonst auch die Eltern mit Sand bewarf.

Und Sand war noch das kleinste Übel. Er schmiss unter Umständen auch mit Steinen um sich. Mit großen Steinen.

Das Ganze wurde begleitet von übelsten Schimpfwörtern.

„Pimmellutscher! Tittengrabscher!"

Was – aufgrund seiner geringen Größe und seines Alters – schon fast eine gewisse Komik mit sich brachte.

Gottseidank verstanden hier die wenigsten Deutsch, anders als zu Hause auf dem Spielplatz.

Aber es konnte auch anders sein. Dann ärgerten ihn die anderen Kinder so sehr, dass er die Kontrolle über sich verlor. Die Antwort auf die Frage, wie alt er sei, konnte so eine Situation auslösen.

Da er so klein war, glaubte ihm niemand sein wirkliches Alter. Und das machte ihn natürlich extrem wütend.

Auch das Wort „Chinesenfresse" fiel immer mal wieder und brachte ihn jedes Mal aus der Fassung.

„Immer ärgern die mich!"

Es war wie in der Schule. Die Kinder hatten schnell heraus, wie sie ihn reizen konnten, und freuten sich dann, wenn er komplett ausrastete.

Für alle Beteiligten, sowohl für die Eltern als auch für die Kinder, war letztlich immer Daniel schuld.

Das führte dazu, dass er meist allein spielte.

Einsam und unverstanden.

Aber es schien ihm nicht viel auszumachen.

Es erstaunte mich immer wieder, wie schnell er sich mit Unabänderlichkeiten abfand.

Den Urlaub genoss er dennoch in vollen Zügen.
„Da will ich wieder hin. Wann fahren wir wieder hin?"

Im Lauf der Zeit bemerkte ich immer mehr, was für ein „Gewohnheitstier" er war.
Es sollte immer das gleiche Essen geben.
Immer dasselbe Restaurant sein.
Immer derselbe Urlaubsort.
Keine neue Hose. Kein neuer Pullover. Keine neue Schultasche.
Keine Veränderungen!
Immer das Gleiche.
Immer das Gleiche gab ihm Halt, Sicherheit und Vertrauen.
Eigentlich nachvollziehbar, wenn man sich sein chaotisches junges Leben vor Augen rief.

Obwohl er ja eigentlich wieder nach Ibiza wollte, fuhren wir in den nächsten Osterferien zum Skifahren.
Die lange Anreise mit dem Auto war eine Herausforderung für alle Beteiligten. Aber mithilfe von Nintendo und Super Mario auf der Spielkonsole war es halbwegs erträglich.
Der viele Schnee im Urlaubsort begeisterte ihn natürlich total. Direkt nach unserer Ankunft grub und schaufelte er so lange hinter dem Hotel, bis ein Iglu entstanden war. An diesem ersten Abend wollte er gar nicht mehr ins Haus kommen.
Ich hatte für ihn Ski und Skistiefel geliehen und ließ ihn am nächsten Morgen ein wenig ausprobieren, wie das Herumrutschen auf Skiern so geht. Schnell merkte er, dass es doch nicht so einfach war, wie er sich das zunächst vorgestellt hatte.
Am nächsten Tag sollte er in die Skischule gehen. Das wollte er nicht wirklich, aber irgendwie konnte ich ihn doch überreden.
In Situationen wie bei der Anmeldung in der Skischule hatte ich immer das Problem, was ich sagen sollte. Wenn ich erklärte, dass Daniel mein Pflegekind war und ab und an etwas schwierig sein konnte, wurde er

gleich in eine Schublade gesteckt. Die so gefassten Vorurteile beeinflussten sehr, wie er behandelt wurde, und er hatte sogleich eine Sonderrolle.

Erzählte ich das hingegen nicht, waren die Menschen unter Umständen vollkommen brüskiert wegen Daniels Verhalten. Sie reagierten dann rüde und provozierten unter Umständen einen seiner Wutausbrüche. Es war schwierig, die richtige Entscheidung zu treffen.

Die Skilehrerin schien recht gelassen zu sein. Vermutlich erzählen viele Eltern eine lange Geschichte zu ihrem Kind …

„Schau'n wir mal …", sagte sie bloß.

Unter Aufsicht der Skilehrerin rutschte Daniel dann mit vier anderen, wenn auch deutlich jüngeren Kindern auf dem Übungshang herum.

„Mann, das sin ja alles Babys! Ich will nich in so ne Gruppe!", maulte er.

„Ich habe das jetzt für dich bezahlt. Du wolltest Skifahren lernen, jetzt gehst du auch hin."

„Ich will aber nich!"

„Dann gibt es abends weder Computer noch Fernseher."

„Mannooo! Du bist doof!"

Er fügte sich murrend. Nachdem er sich aber dann am Übungshang mehrmals ordentlich hingelegt hatte, sah er ein, dass ihm gar keine andere Wahl blieb, als in dieser Gruppe mit dem Skifahren-Lernen zu beginnen.

Schon am dritten Tag hatte er mit seinem guten Körpergefühl und seiner Auffassungsgabe die nötigsten Grundfähigkeiten erlangt und stieg eine Gruppe auf. Nun ging es vom Übungshang auf die Piste.

Er war sehr stolz und begeistert.

Es machte Spaß! Großen Spaß. Endlich ein Sport, bei dem man sich nicht anstrengen muss!

In den folgenden Tagen trafen wir ihn immer wieder mit seiner Skigruppe und konnten beobachten, wie er schnell weitere Fortschritte machte.

Allerdings fährt normalerweise der Skilehrer vorneweg, und die Schüler fahren in angemessenem Abstand hinterher. In der Spur. Das Ziel dabei ist, dass sich die Schüler die Technik vom Lehrer abschauen, und dass der Rhythmus der Schwünge wie vorgegeben trainiert wird.

Daniel machte es natürlich ganz anders. Er blieb zwar bei seiner Gruppe, aber er fuhr wie ein Trabant um sie herum und machte seine eigenen Schwünge – in seinem Rhythmus. Das sah aus der Ferne ziemlich chaotisch aus, aber der Skilehrer blieb Gott sei Dank ganz gelassen. Auch ihm hatte ich kurz angedeutet, dass Daniel hin und wieder sehr beratungsresistent sein konnte.

„Hauptsache, er geht nicht verloren", meinte er nur.

Als ich Daniel am Abend darauf ansprach, wie so ein Skiunterricht normalerweise abläuft und dass er hinter seinem Lehrer in der Reihe bleiben muss, reagierte er gereizt.

„Is doch egal. Hinterherfahren is langweilig. Ich weiß ja jetzt, wie Skifahren geht."

Beratungsresistent.

Trotzdem fuhr er am Ende der Woche schon ganz passabel die leichteren Hänge herunter und wir konnte ihn auf eine kleine Tour mitnehmen.

Er genoss es und war sehr zufrieden mit sich.

Mir kam an diesem Abend die Situation in der Gondel im Abenteuerhaus in den Sinn.

Damals, als ich ihn zum ersten Mal traf.

Da hatte ich diese Vision, dass er mit uns mitkommen würde zum Skifahren.

Das war anderthalb Jahre her …

Wie viel war in dieser Zeit passiert!

PSYCHOTHERAPIE UND KÖRPERLICHE GESUNDHEIT.

Vor den ersten gemeinsamen Sommerferien und unserem ersten gemeinsamen Urlaub hatte ich über eine gemeinnützige Gesellschaft dann doch endlich eine Psychotherapeutin für Daniel gefunden. Diese Organisation bot spezielle Hilfe für Kinder wie Daniel an. Ich hatte lange gesucht und recherchiert, bis ich auf diese Organisation stieß. Warum war das Jugendamt nicht in der Lage gewesen, mir diesen Kontakt zu vermitteln?

Das hätte man dort doch wissen müssen!

Nun hatte er also nach den Sommerferien einmal in der Woche eine Therapiestunde. Ich war sehr froh, endlich jemanden gefunden zu haben. Er fand das ausgesprochen blöd.

„Was bringt das, wenn ich da sitze und mit der quatsche?"

Eine berechtigte Frage. Ich berief mich auf das Jugendamt und versuchte ihm zu erklären, dass ich verpflichtet wäre, mit ihm dorthin zu gehen. So jung, wie er war, er verstand es trotzdem irgendwie.

Wie viele fremde Menschen hatten sein kleines Leben bisher schon begleitet und auch durcheinandergebracht ... Das war dann eben einer mehr. In Unabänderlichkeiten fand er sich immer schnell ein.

Es gab in den Therapieräumen wunderbares Spielzeug – damit war er besänftigt und ließ sich auf die Therapeutin ein. Außerdem liebte er es, eins zu eins mit einem Erwachsenen zusammen zu sein und die alleinige Aufmerksamkeit zu bekommen.

Ich erinnerte mich an den Satz aus der Elternpflegeschule: „Und wenn diese Kinder dann in die Pubertät kommen, dann fangen Sie als Pflegeeltern wieder ganz von vorne an!"

Dem wollte ich vorbeugen. Vor der Pubertät. Und deshalb setzte ich große Hoffnungen in diese Therapiestunden.

Essen, trinken, liebhaben – so irgendwie hatte ich mir den Alltag mit

einem Pflegekind naiverweise vorgestellt. Aber abgesehen von den vielen Schwierigkeiten und Problemen, die ich mit Daniel sowieso schon hatte, gab es auch noch eine Menge Termine und anfallende Arbeiten nebenher:
Ich musste Entwicklungsberichte schreiben.
Die Übernahme von zusätzlich anfallenden Kosten beantragen.
Alle zwei Jahre ein erweitertes Führungszeugnis besorgen und einreichen.
Alle zwei Jahre einen negativen Drogentest von mir nachweisen.
Und ich musste mein Haus mindestens viermal jährlich für Hausbesuche der Vormundin und der Mitarbeiter vom ASD öffnen.
Das waren Kontrollbesuche, um zu sehen, ob es Daniel wirklich gut geht. Es war nachvollziehbar, dass das geschehen musste, aber es war unangenehm, weil fast jedes Mal eine andere fremde Person durch unser ganzes Haus ging. In Vertretung der Kollegen.
Urlaub. Krankheit. Unterbesetzt. Burn-out. Kur.

Besonders auffallend war, dass Daniel nie krank wurde. Die halbe Klasse konnte wegen eines Magen-Darm-Virus ausfallen. Daniel nicht. Grippe oder Erkältung in der Winterzeit? Daniel erfreute sich bester Gesundheit.
Er fehlte nie in der Schule.
Das fiel sogar den Lehrern auf.
Wahrscheinlich hatte er in seinem ganzen Leben nicht ein einziges Mal ein Antibiotikum bekommen und musste so ausschließlich seine eigenen Abwehrkräfte aktivieren.
Fieberzäpfchen, Hustensaft, Nasentropfen?
Das alles kannte er gar nicht.
Er erzählte, dass er einmal vier Wochen im Bett gelegen habe, weil er krank war. Daran könne er sich noch erinnern, weil seine große Schwester Celina ihn und die beiden kleineren Geschwister zum Kinderarzt gebracht habe.
Ich rechnete kurz nach, wie alt die Kinder damals ungefähr gewesen sein mussten. Celina acht! Daniel sechs! Leon vier und Sonja zwei!
„Das kann doch gar nicht sein ...!"

„Doch. Sie ist mit jedem von uns einzeln hingegangen."
„Und wo war eure Mama?"
„Im Bett."

Jahre später fragte ich Celina einmal danach. Sie bestätigte es tatsächlich. Sie erinnerte sich, dass sie damals am Abend das Gefühl hatte, den ganzen Tag bei diesem Kinderarzt verbracht zu haben.

Dadurch, dass Daniel nie fehlte, durfte ich ihn hin und wieder einmal für einige Tage beurlauben lassen. Ich hatte den Eindruck, dass das Lehrerkollegium ganz froh war, wenn er ab und zu einmal nicht anwesend war. Das brachte für eine kurze Zeit etwas Ruhe in die Klasse.

Für mich waren diese Beurlaubungen hilfreich. Nur so war es möglich, Daniel im Familienverbund auf Reisen mitzunehmen. Da meine ältesten Kinder schon im Berufsleben standen, passte es oft nicht – oder nicht komplett – mit seinen Schulferien zusammen. Er genoss diese Auszeiten in der Großfamilie immer sehr. Er kam ja selbst aus einer großen Familie und vermisste das Leben in der großen Runde sicherlich.

MUSIK UND FREIZEITAKTIVITÄTEN.

Im Alltag wollte ich Daniel zusätzlich sinnvoll beschäftigen, um ihn vom Computer und vom Fernsehen abzulenken. Deshalb bot ich ihm an, ein Instrument zu erlernen.

„Schlagzeug und Gitarre! Beides. Mein Papa spielt auch beides."

„Okay."

Ich meldete ihn in der örtlichen Musikschule an. Dort waren die Unterrichtsstunden halbwegs erschwinglich und man konnte gegebenenfalls zwischen den Instrumenten wechseln.

Nach einigen Wochen teilten mir sowohl der Schlagzeug- als auch der Gitarrenlehrer mit, dass Daniel außerordentlich talentiert sei. Sehr musikalisch. Mit viel Gefühl für Musik und einem feinen Gehör. Er solle in jedem Fall mit der Musik weitermachen und gefördert werden. Aber er müsse unbedingt mehrmals in der Woche üben, sonst würde es keinen Erfolg bringen.

Logisch.

Und das wurde zum Problem.

Er hatte ja schon größte Schwierigkeiten, seine Hausaufgaben zu erledigen. Wie sollte ich ihn dann noch zum Üben seiner Instrumente überreden – ohne einen Streit aufkommen zu lassen, der zwangsläufig mit absoluter Verweigerung geendet hätte?

Und Streit hatten wir eigentlich viel zu viel. Allein um die alltäglichen Dinge des Lebens zu bewältigen, hatten wir ununterbrochen heftige Auseinandersetzungen. Manchmal hatte ich das Gefühl, ich war nur am Schimpfen und am Zetern.

Und dabei brauchte der arme kleine Mensch doch eigentlich vor allem ganz viel Liebe und ganz viel Zuspruch.

Ähnlich wie mit dem Musikunterricht war es auch mit dem Sport. Ich wollte, dass er Sport trieb, in der Hoffnung, dass er so seine überschüssige Energie und auch seinen Frust abbauen könnte. Talentiert war er in fast allem, was ich ihm an Sportarten anbot. Aber langfristig war er nicht in der Lage, das im jeweiligen Training kontinuierlich umzusetzen.

Als Erstes wollte ich, dass er schwimmen lernt. Mit sieben Jahren müsste eigentlich jedes Kind einigermaßen sicher schwimmen können. Ich meldete ihn in der Schwimmschule an, in der auch meine eigenen fünf Kinder schwimmen gelernt hatten. Eine Gruppe von sieben etwa gleich alten Kindern in einer kleinen privaten Schwimmanlage mit einer erfahrenen, liebevollen Schwimmlehrerin.

Daniel war durchaus willig und setzte alles, was gefordert war, sehr schnell um. Aber leider vollkommen unkoordiniert und unkontrolliert. Er blieb die ganze Zeit im Wasser und tauchte. Eigentlich sollten aber alle Kinder am Beckenrand stehen und zuschauen, was die Lehrerin vormachte.

„Ich bin eine Krake."

Sprang dauern vom Beckenrand ins Wasser, obwohl das nicht erlaubt war.

„Ich bin ein Delfin."

Spritzte alle nass.

„Ich bin ein Walfisch."

Redete dazwischen,

Brachte die ganze Gruppe durcheinander.

Die Schwimmlehrerin zur Verzweiflung.

Aber: Er war der erste in der Gruppe, der schwimmen konnte und sein Seepferdchen bekam.

Darauf war er mächtig stolz.

„Daniel schwimmt wirklich schon erstaunlich gut. Melden Sie ihn doch im Schwimmclub im öffentlichen Bad an."

Die Schwimmlehrerin war sichtlich erleichtert, dass wir den Kurs bei ihr beendet hatten.

Ich glaube, sie hatte nur mir zuliebe mit ihm durchgehalten.

Ich meldete ihn in den Ferien zu einem Fußballcamp an. Auch hier bescheinigte man ihm nach dem ersten Trainingstag Talent und Ballgefühl. Aber leider zeigte er überhaupt keine Teamfähigkeit in der Mannschaft.
    Wenn alle Kinder rechtsrum laufen sollten, lief Daniel garantiert linksherum.
    Und schon gar nicht auf direktem Weg dem Ball hinterher.
    Und schon gar nicht so schnell wie möglich.
    Anstrengungsverweigerungshaltung!
    Ganz typisch für traumatisierte Kinder.

Ich versuchte es mit Karate. Mit dem Gedanken, dass er so seinen Bewegungsdrang gezielt abbauen könnte. Auch hier erkannte der Trainer recht schnell, dass Daniels motorische Fähigkeiten auffallend gut waren. Aber in der Gruppe?
    Eine Katastrophe.
    Alle Kinder standen im Kreis und mussten diverse körperliche Übungen zum Warm-up ausführen. Nur ein Kind stand nicht im Kreis und machte stattdessen das Gegenteil von dem, was der Trainer sagte.
    Daniel.
    Er turnte stattdessen auf den am Rand stehenden Geräten herum. Nach vier Wochen flog er raus. Es sei für den Rest der Gruppe nicht förderlich – ja, sogar gefährlich –, wenn Daniel dabei sei.
    Leider.

Da der Großteil meiner Familie dem Reitsport verfallen ist, habe ich ihn natürlich auch mit in den Stall genommen und aufs Pferd gesetzt. Und auch da stellte er sich durchaus talentiert an, aber er weigerte sich nach zwei Reitstunden, weiterzumachen.
    „Das isn Mädchensport. Das mach ich nich."

Er malte sehr schön. Ich meldete ihn in der Malschule an. Anfangs war er vollkommen begeistert, weil es ein völlig neues Metier für ihn war. Wenn die zwei Stunden zu Ende waren, sah er aus wie eine Malerpalette –

von oben bis unten mit Farbklecksen übersät. Er malte gewissermaßen mit vollem Körpereinsatz. Und er brachte wirklich schöne Kunstwerke zustande. Die Kursleiterin war durchaus angetan von ihm. Aber nach sechs Wochen flog er raus, weil er die ganze Gruppe durcheinanderbrachte. Die anderen Eltern hatten sich beschwert.

Er störte.

Es störte ihn allerdings nicht, dass er nicht mehr kommen durfte. Er fand sich ja schnell mit Unabänderlichkeiten ab.

„Das is sowieso voll langweilig da. Ich kann da gar nich machen, was ICH will."

Dann kam ich auf die Idee, ihn bei der Jugend-Feuerwehr anzumelden. Daniel war begeistert. Feuerwehrmann! Der Traum eines jeden Jungen in diesem Alter.

Ich dachte, etwas Soziales, etwas Technisches, und dann auch noch in der Gruppe, das würde ihm guttun.

Jeden Mittwochabend zog er nun los. Ein kleiner Feuerwehrmann in Uniform. Denn die Uniform gab es gleich bei der Anmeldung. Und die war dann auch das Problem. Diese Feuerwehruniform ist öffentlichkeitswirksam. Wenn nun aber sieben uniformierte, kleine, angehende Feuerwehrfrauen und -männer der Jugendfeuerwehr in Reih und Glied stehen und ein kleiner Feuerwehrmann in Uniform turnt über der Gruppe auf dem höchsten Baum herum ...

Das ging einfach gar nicht.

Schließlich wird diese Ausbildung der Jugendfeuerwehr aus Spenden finanziert.

Der Teamleiter hat sich wirklich sehr um Daniel bemüht.

Aber nach einem halben Jahr war Schluss.

Nicht länger zumutbar.

Gefährdung der Gruppe.

Schade.

Auch Daniel war traurig über seinen Rausschmiss.

Eigentlich hatte es ihm viel Spaß gemacht.

LANGEWEILE UND
EIN NAHRUNGSDEPOT.

Irgendwann fiel mir auch nichts mehr ein, wofür ich ihn begeistern könnte. Wobei es eigentlich eher an Kontinuität und Anpassung fehlte als an Begeisterung. Ich hätte mich so sehr für ihn gefreut, wenn er sein Hobby, seinen Sport, seine Freizeitbeschäftigung gefunden hätte.
Und es hätte mir vieles leichter gemacht.

Langeweile war für Daniel nur sehr schwer zu ertragen. Er hasste es, sich zu langweilen. Wenn er keine Beschäftigung hatte, fing er an nachzudenken und musste sich zwangsläufig mit sich selbst, seiner Situation und seiner Vergangenheit auseinandersetzen.
Und das war natürlich unangenehm und schmerzhaft.
Aus diesem Grund kam es bei Langeweile immer wieder zu übersprunghaften Handlungen. Impulsgesteuert. Er setzte sofort das in die Tat um, was ihm gerade in den Kopf gekommen war. Und davon ließ er sich dann, wenn man ihm überhaupt noch zuvorkommen konnte, nur schwer abbringen.
Er spielte Schlagzeug, indem er mit zwei Kochlöffeln auf alles haute, was ihm in die Quere kam. Ein Höllenlärm. Ich hatte Angst ums Inventar.
„Lass das bitte. Das nervt mich. Und du verbeulst alles!"
„Mir is aber langweilig", quengelte er. „Kann ich an den Computer?"
„Nein, nicht schon wieder."
„Fernsehen?"
„Nein, Danielowitsch."
„Mir is aber so langweilig."
„Das tut mir leid. Du hast Lego. Du hast Bücher. Das ganze Zimmer ist voller Spielzeug. Da kann man sich doch gar nicht langweilen."
„Das kenn ich alles schon. Langweilig."
Er maulte so lange herum, bis ich wütend wurde.

Und ihn in sein Zimmer schickte.

„Für Essen, Trinken, Gesundheit und Liebhaben bin ich zuständig. Aber nicht für deine Unterhaltung."

Brummelnd trollte er sich nach oben in sein Zimmer. Dann hörte ich, wie er oben seine Legokisten auskippte und in dem Berg zu wühlen begann.

Als ich wenig später nach ihm schaute, saß er vollkommen versunken in einem Meer von Legosteinen und baute konzentriert an ganz speziellen technischen Konstrukten. Er bemerkte mich nicht einmal.

Das konnte manchmal tatsächlich Stunden dauern. Vollkommen zufrieden kam er dann runter, um mir sehr stolz und beglückt seine neuesten Bauwerke vorzuführen und zu erklären.

Er hatte wirklich ausgesprochen kreative Ideen, und es war alles sehr funktionell. Zahnradbahnen. Multifunktionsräder. Papierhäcksler. Lego-Technik machte fast alles möglich. Er wünschte sich immer mehr Lego. Ordnete es stundenlang in Kästchen und Dosen.

War beschäftigt.

Daniels Hauptproblem war schlicht und ergreifend, dass er nicht erzogen worden war.

Sauberkeit. Ordnung. Pünktlichkeit. Achtung. Respekt!

Das alles hatte man ihm nicht beigebracht. Das Wort „Respekt" war definitiv ein Fremdwort für ihn. Ich musste es ihm allen Ernstes erklären.

Respekt ist – laut Wikipedia – Ehrerbietung und Aufmerksamkeit gegenüber einem anderen Lebewesen (oder einer Institution).

Ehrerbietung hatte er vermutlich nur in seiner Kita und in der Schule erfahren. Aufmerksamkeit holte er sich, indem er sich verhaltensAUF-FÄLLIG benahm.

Die ersten sieben Jahre ohne Regeln und Benimm waren so prägend, dass man das nur in kleinsten Schritten aufarbeiten und korrigieren konnte. Und es gab immer und immer wieder Rückschläge.

Daniel hatte überhaupt kein Gefühl für Moral und Wertigkeit.

Normalerweise lernt man schon mit drei Jahren, dass man dem Nachbarskind in der Sandkiste nicht die Schaufel wegnehmen darf. Und dass man mit Bausteinen nicht auf der Fensterscheibe herumhauen darf. Daniel hatte solche grundsätzlichen Dinge in der Prägephase nicht erlernt. Und so verhielt er sich dann eben leider auch.

Ich musste mir immer wieder sagen, dass ER nichts dafür konnte. Das fiel mir nicht immer leicht.

***

Er hortete Lebensmittel.

Es dauerte eine Weile, bis ich das überhaupt bemerkte. Auf der Suche nach Schulbüchern, die angeblich verschwunden waren, zog ich eine Schreibtischschublade auf. Das blanke Chaos: zerknüllte Papiere, Reste vom Anspitzen der Stifte, Radiergummis, Lego-Steine, Playmobil-Männchen. Beherzt griff ich hinein, um alles auszuräumen, und fasste in eine klebrige, graue Masse. Es war eine Tüte mit einem uralten, fettigen, verschimmelten Schulbrot.

Widerlich.

Daraufhin beschloss ich, gleich einmal die anderen Schubladen zu untersuchen. Aus der nächsten, die ich aufmachte, kam mir ein Schwarm Essigfliegen entgegen. Ich schauderte und sprang erschrocken zurück.

„Daniiiiiielllll! Das kann doch wohl nicht wahr sein!"

Im ersten Moment dachte ich, es wäre eine tote Ratte, die da lag.

Beim näheren Hinsehen entpuppte sich die Ratte jedoch als eine vollkommen verschimmelte Banane. Die schimmelige, pelzige, graue Schicht darauf sah aus wie ein Fell.

Ich hatte ein kleines Lebensmittellager entdeckt.

Eine halbleere Dose Mais. Angeschimmelt.

Coladosen. Klebrig.

Gummibärchentüten. Verklumpt.

Trockene Nudeln. Zerbrochen.
Chipsrollen. Bröselig.
Jogurtbecher. Ausgelöffelt.
Leere Buttermilchflaschen.
Noch mehr Bananenschalen.
Es war ein Sammelsurium – und es roch ekelerregend.
Dazu diese Essigfliegen.
Als ich Daniel zur Rede stellte, bekam er – immerhin – einen roten Kopf, behauptete aber steif und fest, er wäre das nicht gewesen.
„Keine Ahnung, wie das hier hinkommt ..."
„Sag mal, du bekommst doch genug zu essen bei uns. Und du darfst dir immer alles aus dem Kühlschrank nehmen. Wieso legst du Lebensmittel in deinen Schreibtisch? Das ist eklig!"
„Ich war das nich!"
„Wer sonst?"
„Ich NICHT!"
„ICH auch nicht! Und der Hund sicher auch nicht!"
Er wurde wütend.
Ich wurde wütend.
Ich verbot ihm, in Zukunft Lebensmittel mit in sein Zimmer zu nehmen.
Aber er machte es immer wieder.
Lerneffekt gleich null.

Es war schwierig, auf der einen Seite seine Privatsphäre in seinem Zimmer zu respektieren und auf der anderen Seite diese stinkende Müllhalde zu verhindern.
„Das is mein Zimmer, da kann ich machen, was ich will!"
„Ja, aber das ist mein Haus, und da will ich kein Ungeziefer züchten, nur weil du Essen in den Schubladen vergammeln lässt!"
„Das war ich gar nicht!"
„Wer denn wohl sonst?"
„Keine Ahnung! ICH nich!"
Ich vermute, dass er sich seine Lügengeschichten tatsächlich selber

glaubte und sie für die Wahrheit hielt. So wie ein dreijähriges Kind sich die Augen zuhält und fest davon überzeugt ist, nicht mehr im Raum zu sein.

So wie er sich auch in Stresssituationen vollkommen wegdissoziierte. Er blickte dann starr durch mich durch und war gewissermaßen nicht anwesend.

Traumatisierte Kinder reagieren so, um ihre Psyche, ihre Seele zu schützen. Dissoziative Störung wird das genannt.

Oft wusste ich nicht, wie ich meiner Erziehung noch Nachdruck verleihen sollte. Irgendeine Konsequenz musste es doch haben, wenn er etwas tat, was er nicht tun durfte.

Wie sollte er es sonst lernen?

Wieder und wieder versteckte er Lebensmittel in seinem Zimmer. Als ich das entdeckte, schimmelte und stank es schon ordentlich vor sich hin. Ich wurde ziemlich ärgerlich und stellte ihn zur Rede. Leider hatte er jedoch überhaupt kein Einsehen und wurde bockig.

„Ich war das nicht!"

Ich wurde immer ärgerlicher und brach die Diskussion ab.

„Du schreibst jetzt zehnmal in Schönschrift: Ich darf keine Lebensmittel in meinem Zimmer verstecken!"

„Wieso das denn?!"

„Wenn du dir die Regeln im Haus nicht merken kannst, dann musst du sie eben aufschreiben. Vielleicht kannst du sie dir ja dann merken!"

Ich ließ ihn in seinem Zimmer allein. Er war wütend und schimpfte und brüllte hinter mir her. Den ganzen Abend kam er nicht mehr hinunter.

Als ich irgendwann nach oben ging, um nach ihm zu sehen, lag er auf seinem Bett und war eingeschlafen. Auf seinem Schreibtisch lag ein Blatt Papier. Darauf stand in der schönsten Schreibschrift eines Zweitklässlers:

„Ich darf keine Lebensmittel in meinem Zimmer verstecken, sonst wird Susanne stinksauer!"

Darunter stand: „Das ganze neunmal!"

Und darunter neunmal das Wiederholungszeichen.

Das Horten von Essen war ein Relikt aus seinem früheren Leben. Aus Angst, dass nicht genug vorhanden sein könnte. Aus Angst, Hunger zu haben.

Bei einem der Geschwistertreffen erzählte die Erzieherin von Daniels Schwester Celina, dass diese auch Berge von Lebensmitteln sammelte und unter ihrem Bett versteckte.

GESCHWISTER.

Apropos Geschwistertreffen: Mindestens zweimal im Jahr sollten sich die Geschwister treffen, damit sie sich nicht völlig aus den Augen verlieren würden. Wir verabredeten uns im Heim von Celina. In der Wohngruppe der beiden kleinen Geschwister. Im Indoorspielplatz. Auf dem Abenteuerspielplatz. Im Abenteuerhaus. Je nach Wetter und Jahreszeit.

Wenn die Geschwister zusammentrafen, war die Begrüßung immer sehr herzlich. Auffallend war, dass jeder wieder in die Rolle in der Familie zurückfand, die er dort früher eingenommen hatte.

Der Älteste – Tobias – kam nie zu diesen Treffen. Warum auch immer.

Celina, die Zweitälteste, fungierte sofort wieder als verantwortliches Familienoberhaupt. Sie kümmerte sich um jeden und um alles.

Schaute, ob alle etwas zu essen und zu trinken hatten.

Passte auf die beiden Kleineren auf.

Korrigierte und tadelte.

Schimpfte besonders mit Daniel.

Und Daniel mutierte sofort zum Familienclown und machte nur Blödsinn. Hörte nicht zu. Blieb nicht bei uns in der Gruppe und machte, was ihm gerade in den Sinn kam.

Leon fand den Unsinn, den Daniel machte, großartig und folgte ihm begeistert.

Maja, die Jüngste, war hin- und hergerissen zwischen ihrer vernünftigen älteren Schwester und dem völlig chaotischen älteren Bruder.

Die Einheit der Familie war ein bekanntes System, in dem jedes der Kinder sofort wieder seinen angestammten Platz einnahm. Es störte unser Zusammensein massiv. Die Situation eskalierte meist ziemlich schnell, und die Erzieher der anderen Geschwister reagierten missmutig. Auch ich war genervt.

Ich drohte Daniel, dass wir sofort nach Hause fahren würden, wenn er sich nicht anständig benehmen würde.

„Wieso?! Ich mach doch gar nix!"
„Du nervst hier alle."
„Das is doch witzig."
„Ist es nicht!"
„Wohl! Die anderen lachen doch und machen mit. Du gönnst mir keinen Spaß!"

Er sah es nicht ein.

Ich glaube, er konnte einfach gar nicht anders reagieren.

Das waren eingefahrene Verhaltensmuster im Familienverbund.

Und ich wollte ja auch wirklich weder ihm noch seinen Geschwistern die Freude nehmen, sich endlich einmal wieder zu sehen. Trotz dieses Tumults tauschten sie sich untereinander darüber aus, wie ihre neue Lebenssituation war.

Wie es der Mutter ging. Dem Vater. Den Katzen.

Wir Erzieher saßen in dieser Zeit zusammen, tranken Kaffee und unterhielten uns über die Kinder. Das war immer sehr informativ. Jeder von uns hatte zwischenzeitlich wieder neue Details aus dem früheren Leben der Geschwister erfahren. Da fügten sich Puzzleteile zusammen, die uns allen weiterhalfen, die Kinder besser zu verstehen.

Wenn wir vom Verhalten unseres betreuten Kindes berichteten, fanden sich oft erstaunliche Parallelen bei den Geschwistern. Zum Beispiel, Essen zu horten. Oder dass sie im Bad unbedingt allein sein wollten.

Klopfte man an und ging ins Bad, verdeckten sie ihren Körper verschämt mit verschränkten Armen und Beinen, damit man nur ja kein Geschlechtsteil sehen konnte.

Sie wollten sich auf keinen Fall beim An- oder Ausziehen helfen lassen.

Keins der Kinder ließ sich gerne anfassen.

Für mich bestätigte dieses Verhalten der Kinder den Missbrauch, den das Jugendamt vermutete. Diesem Verdacht war bisher jedoch niemand nachgegangen. Mir fehlte dafür jegliches Verständnis, und ich sprach das Thema beim nächsten Hilfeplangespräch in großer Runde an.

Aber ich wurde belehrt.

„Frau Mohnsen, wir haben jahrelange Erfahrung mit genau diesen Situationen. Wir können hier nichts beweisen! Wenn es zu einer Anzeige kommen sollte, müssten die Kinder gegen ihre Eltern aussagen. Das tun sie aber in der Regel nicht."

Und wenn sie es tatsächlich doch täten, dann richte das eher noch größeren psychischen Schaden bei den Kindern an. Der Gewissenskonflikt gegenüber den Eltern sei zu groß. Allein die Belastung der Kinder, vor Fremden eine Aussage über die widerlichen Ereignisse machen zu müssen, löse unter Umständen ein weiteres Trauma aus. Die Sorge, dass die Eltern dann ins Gefängnis kämen, führe außerdem meist zu falschen Aussagen.

Diese Begründungen hielt ich für unhaltbar.

Keine Gerechtigkeit für die Opfer?

Keine Genugtuung für die Opfer?

Keine Strafe für die Täter?

Der oder die Täter könnten einfach weitermachen?

Ich wollte das nicht akzeptieren und verlangte, dass das Jugendamt Anzeige erstattet.

Sonst würde ich das tun.

Widerwillig stimmte man mir zu.

Durch meine Forderung erreichte ich auch, dass die Wittke-Kinder nicht mehr ohne Begleitung in die elterliche Wohnung durften und somit geschützt waren.

Doch die Anzeige verlief im Sand. Niemand setzte sich aktiv dafür ein und ging den Vorwürfen des Missbrauchs nach.

Ich bin mir bis heute nicht sicher, ob ich richtig gehandelt habe, indem ich passiv blieb. Aber ich wollte vor allem Daniel schützen. Das war zumindest gewährleistet.

MOBBING.

Bei allem Verständnis und Mitgefühl war es sehr aufreibend, mit Daniel zusammenzuleben und sein Verhalten auszuhalten. Dazu kam, dass er immer – wirklich immer – das letzte Wort haben musste. Immer kam noch ein Gegenargument. Immer wusste er alles besser.

„Jetzt halt mal den Mund, das ist ja nicht auszuhalten! Ruhe jetzt!"

Er ging damit allen auf die Nerven.

Dauernd und überall eckte er an.

War nicht richtig.

Wurde beschimpft.

Wurde gemobbt.

Und konnte doch so gar nichts für sein Verhalten.

Wie mochte es ihm damit gehen?

Er sprach nie darüber. Nahm es einfach hin.

Resilienz. Das ist psychische Widerstandsfähigkeit.

Die hatte er tatsächlich.

Für das, was ihm schon alles zugefügt worden war, fand ich ihn eigentlich noch ziemlich normal.

Armer kleiner Kerl.

Auch in der Klassengemeinschaft hatte er es nicht leicht, akzeptiert zu werden. Er wurde von den „Alpha-Tieren" in der Klasse ordentlich schikaniert und ausgegrenzt. Oft reizten und ärgerten sie ihn bis aufs Blut.

Einmal kam es zu einer Prügelei, weil ein Kind auf dem Schulhof „Chinesenfresse" zu ihm gesagt hatte.

Welches Kind sagt so etwas zu einem anderen Kind?

Was sind das für Kinder?!

Was für Eltern haben die?

Die Mitschüler wussten genau, was sie tun mussten, um Daniel aus der Fassung zu bringen. Und sie machten sich häufig einen Spaß daraus.

Wenn Daniel dann – verständlicherweise – ausrastete, kam es häufig zu Rangeleien, die einmal auch Verletzungen zur Folge hatten. Ich musste dann zur Schule fahren und ihn abholen, weil er aus dieser Lage nicht mehr alleine herauskam.

Und wer war an allem schuld?

Natürlich ausschließlich Daniel.

Nie wurden die anderen einmal dafür verantwortlich gemacht.

Das war sehr ungerecht, und er litt darunter.

Er war eigentlich ein friedliches und sehr emphatisches Kind. Überhaupt nicht aggressiv. Und schon gar kein Schläger. Er konnte seine Wut nur nicht gut kontrollieren, wenn er sehr gereizt wurde.

„Wenn du so geärgert wirst und nicht mehr alleine klarkommst, brauchst du Hilfe. Geh aus der Situation raus. Geh zu einem Lehrer und hol dir Unterstützung!"

„Das geht aber nicht. Ich bin dann so wütend."

„Doch. Du kriegst doch nur Ärger, wenn du so ausrastest."

„DIE ärgern MICH aber! Das ist ungerecht! Immer krieg ICH den Ärger! Immer bin ICH schuld!"

Er hatte vollkommen recht.

Besonders schwierig wurde es, wenn solche Ausfälle auch in der Elternschaft zum Thema wurden. Einsehen oder Verständnis zeigten die wenigsten Eltern. Daniel war einfach ein Störfaktor in dieser „heilen" Welt.

In unserer direkten Nachbarschaft wohnten drei Kinder aus Daniels Klasse. Das war ja eigentlich mein Ziel gewesen: gemeinsamer Schulweg, nachmittags durch die Gärten toben, gemeinsam auf der Straße spielen. Freunde finden.

Aber es kam ganz anders.

Daniel stand morgens vor unserem Gartentor und wartete auf die anderen, um zur Schule zu gehen. Doch die drei Mitschüler, die sich schon weiter unten in der Straße getroffen hatten, gingen auf der anderen Straßenseite und blieben auch demonstrativ dort drüben. Wenn

Daniel dann zu ihnen auf die andere Seite wechselte, rannten die drei einfach los.

„Wartet doch mal! Wir können doch zusammen gehen!"

Aber sie lachten nur und rannten schnell weg. Daniel trottete niedergeschlagen hinterher.

„Hat ja eh keinen Sinn. Die mögen mich nicht!"

Nachdem ich das mehrmals beobachtet hatte, brüllte ich hinter ihnen her:

„Haloooo! Geht's noch?! Wieso wartet ihr nicht auf Daniel? Das ist doch total unfair. Wieso könnt ihr nicht zusammen gehen? Ihr seid doch alle in einer Klasse."

Gekicher, rote Köpfe – und weg waren sie.

Ich erzählte das der Klassenlehrerin und sie versprach, sich darum zu kümmern. Engagiert, wie sie war, hat sie das sicher auch getan. Aber es änderte sich nichts. Jeden Morgen das gleiche Spiel. Daniel war wirklich traurig.

„Keiner mag mich."

Auf dem nächsten Elternabend sprach ich das Thema an.

Auch ohne Namen nennen zu müssen, war ganz klar, welche Kinder es betraf. Es gab nur die drei, die bei uns in der direkten Nachbarschaft wohnten. Die entsprechenden Eltern reagierten jedoch ausgesprochen passiv.

„Also, das müssen die Kinder wirklich untereinander ausmachen. Da mischen wir uns gar nicht ein."

Um die Lage zu entschärfen, begleitete ich Daniel eine Weile mit unserem Hund Don auf seinem Schulweg. Don ist ein Bernhardiner, ein lieber, riesiger Teddybär. Damit konnte Daniel nun punkten. Er verhielt sich wie ein Löwenbändiger und gab ordentlich mit ihm an.

„Don, Sitz!"

„Don, Platz!"

Der Hund machte mit und gehorchte.

„Ooh Daniel, ist der süß! Darf ich den mal streicheln? Wie heißt er?"

„Ja, aber sei vorsichtig. Manchmal beißt er auch."
„Echt?"
„Nicht, wenn ich dabei bin. Er heißt Don."
Plötzlich stand Daniel positiv im Mittelpunkt, und das genoss er sehr.
Don konnte keiner Fliege etwas zuleide tun.

Ich glaube, in einem anderen Stadtteil wäre ein Kind wie Daniel niemals zu einem Diskussionsthema geworden. Dort gibt in jeder Klasse einige Kinder, die problematisch sind oder einen schwierigen sozialen Stand haben. Aber hier, in diesem noblen Vorort, war Daniel eben auffallend außergewöhnlich.

Es waren noch nicht einmal Kinder mit Migrationshintergrund in seiner Schule. Aber immerhin gab es einige wenige Kinder mit Inklusionsstatus. Das wurde von den Eltern – wenn auch ungern – hingenommen, weil die Schulbehörde es so vorschrieb.

Gott sei Dank gab es aber auch Eltern, die ich an meiner Seite hatte und die Daniel und mich unterstützten. Besonders die Mutter seines Freundes Niko setzte sich immer wieder für Daniel ein, wenn die Elternschaft sich über ihn beschwerte.

Die beiden Jungen hatten sich gleich am ersten Tag in der neuen Schule kennengelernt und mochten sich sehr. Da Niko auch ein Inklusionsschüler war, hatten sich zwei Kinder getroffen, die sich gegenseitig unterstützten.

Einer ergänzte den anderen.

Zusammen waren sie stark.

Gegen den Rest der Welt?!

Manchmal hatte ich fast den Eindruck.

Inklusion heißt auch Integration!

Das Rechtschreibprogramm des Computers bietet als Alternative zu „Inklusion" „inklusive" an?! Ja! Inklusion bedeutet „alles inklusive" – auch das, was nicht in die Struktur unseres gesellschaftlichen Denkens passt! Dann passt das Wortspiel.

GEBURTSTAG.

Im Juli hatte Daniel Geburtstag. Sein erster Geburtstag bei uns.

Er schien daran relativ wenig interessiert. Geburtstage wurden anscheinend in seiner Familie nicht so richtig gefeiert. Er erzählte, mal gab es Geschenke und mal auch nicht. Je nachdem, wie es gerade kam.

Häufig ging die Fantasie mit ihm durch, und die Geschichten, die er von früher erzählte, variierten. Der Verlauf war jedes Mal ein wenig anders. Die genaue Wahrheit fand man nie heraus. Oft war es vielleicht auch nur eine Wunschvorstellung?!

Ich fragte ihn, wie er sich denn so einen richtigen Geburtstag vorstellen würde. Wie er sich den denn wünschen würde.

„Mit ganz vielen Freunden!"

„Mit Luftballons und Kerzen und Luftschlangen!"

„Geschenke. Ganz viele Geschenke!"

„Alle müssen singen!"

Er kam ins Schwärmen.

So, wie er den Geburtstag schilderte, hatte er es vermutlich in einem amerikanischen Film gesehen.

Aber sicher nicht selbst erlebt.

Ich versuchte, alle seine Wünsche in die Tat umzusetzen. Eine bunte Tischdecke. Ein Geburtstagskranz mit acht Kerzen. Ein Lebenslicht. Ein großer Geburtstagskuchen mit Schokoladenglasur, verziert mit Smarties und acht kleinen Kerzen. Luftballons. Luftschlangen. Geschenke.

Morgens hatte ich ihn mit einer Kerze in der Hand und dem Lied „Happy Birthday" geweckt. Er war ein wenig verwundert. Das war neu für ihn. Ich sagte ihm, er möge in seinem Zimmer warten, bis wir ihn runterrufen würden. Ein wenig widerwillig ließ er sich darauf ein.

„Wieso kann ich nich runterkommen? Sonst kann ich doch auch einfach runtergehen."

„Überrrrrrraschung, Danielowitsch! Warte es doch einfach mal ab!"

„Hmmmmm ... Okay."

Meine Kinder und Daniels bester Freund Niko waren beim Geburtstagsfrühstück dabei. Es waren ja Sommerferien. Wir waren alle sehr gespannt, wie er reagieren würde.

Als alles fertig vorbereitet war, standen wir um den Geburtstagstisch und ich rief ihn herunter. Wir sangen alle „Wie schön, dass du geboren bist, wir hätten dich sonst sehr vermisst!", ein bekanntes Kinderlied von Rolf Zuckowski.

Daniel stürmte die Treppe runter. Ab der Hälfte wurde er aber unsicher und blieb stehen. Er traute sich nicht weiter. Ich ging ihm entgegen, um ihn zu unterstützen, nahm ihn in den Arm und gratulierte ihm. Er machte sich ganz steif und murmelte mit einem schiefen Lächeln: „Danke."

Dann ließ er sich überreden, zur Geburtstagstafel zu kommen und war – tja – fassungslos.

Gefühlte endlose Minuten sagte er NICHTS!

Er, der sonst immer ohne Punkt und Komma redete, wirklich alles kommentierte und zu wirklich allem etwas sagen musste.

Er sagte GAR NICHTS!

Und dann, nach einer wirklich langen Zeit:

„Kann ich meine Mama anrufen?"

Jetzt war es an mir, ein wenig fassungslos zu sein. Damit hatte ich nun nicht gerechnet.

Ich nahm ihn erneut in den Arm und erklärte ihm, dass seine Mama ihn im Lauf des Tages sicher noch anrufen würde. Wir würden einfach mal abwarten.

„Mein Papa auch?"

„Bestimmt! Aber versprechen kann ich dir natürlich nichts."

„Okay. Schade."

„Lass uns doch erst mal die Geschenke aufmachen!"

Themawechsel.

Nun ging alles ganz schnell.

Ratsch, ratsch – in einem rasanten Tempo wurden die Geschenke aufgerissen, zwischendurch schnell ein paar Gummibärchen in den Mund gesteckt, die Gratulationen der Gäste dankend entgegengenommen, der Geburtstagskuchen angeschnitten und die Kerzen ausgeblasen.

Fertig.

„Kann ich jetzt mit Niko das neue Lego aufbauen gehen?"

„Klar, es ist ja dein Geburtstag! Heute darfst du alles machen!"

„Cool. Dann kann ich auch meine Mama besuchen?!"

Es fiel mir schwer, ehrlich darauf zu antworten.

„Nein, Daniel. Du weißt, dass das vom Jugendamt aus zurzeit – zu deinem Schutz – nicht erlaubt ist."

„Das ist aber doof. Warum nicht?"

„Ach, Daniel, das habe ich dir doch schon so oft erklärt. Deine Mama hat es nicht geschafft, euch richtig zu versorgen. Es ist euch nicht gutgegangen und deshalb hat euch das Jugendamt aus der Familie genommen. Um euch zu schützen! Du weißt doch, warum."

„Okayyy ... Blödes Jugendamt."

„Können wir jetzt endlich nach oben gehen und Lego bauen?"

So schnell, wie seine Sorgen auftauchten, so schnell waren sie auch wieder verschwunden.

Sprunghaft.

Plan B.

Er war es gewohnt, dass Dinge in seinem Leben nicht eintraten, und hielt sich erst gar nicht damit auf, diesen dann nachzutrauern. Deshalb schmerzte es ihn auch so wenig, wenn ich Verbote aussprach oder ihm das Handy oder den Computer wegnahm.

„Is mir doch egal!"

Das war sein Standardspruch, der darauf folgte. Und es war ihm wirklich vollkommen egal. Er hatte sofort Alternativen auf Lager. Plan B eben.

Am Abend des Geburtstags, als ich ihm Gute Nacht sagte und ihn vorsichtig in den Arm nehmen wollte, sagte er: „Das war der schönste Tag in meinem Leben!"

„Wieso?"

„Ich glaube, ich habe noch nie richtig Geburtstag gehabt. Es war alles soooo toll. Dass ihr alle da gewesen seid. Die Geschenke. Der Kuchen. Die Kerzen. Einfach alles."

Ich war gerührt.

Armer kleiner Mensch.

Weder die Mutter noch der Vater hatten im Lauf des Tages angerufen, um ihm zu gratulieren. Aber das war jetzt am Abend, nach einem so glücklichen Kindertag gar kein Thema mehr für ihn.

AUS DEM FRÜHEREN LEBEN.
AUS DEM HEUTIGEN LEBEN.

Das Gefühl, dass seine Mutter an ihn gedacht hatte, wäre sicher sehr schön und wichtig für ihn gewesen. Daniel hatte seit mehr als fünf Monaten überhaupt keinen Kontakt mehr zu seiner Familie. Ich hätte natürlich ein Geschenk kaufen und dann sagen können, seine Mutter habe es ihm geschickt. Aber – so hart es auch war – er musste lernen, dass seine Mutter so ist, wie sie ist. Langfristig konnte man ihm nicht etwas anderes vorgaukeln. Die Erkenntnis der traurigen Wahrheit würde nur von Mal zu Mal schmerzlicher werden.

Seine Mutter war gewiss nicht als schlechter Mensch auf die Welt gekommen. Auch ihr waren im Kindesalter Dinge zugefügt worden, die sie so werden ließen, wie sie ist. Das musste ich mir immer wieder klarmachen. Denn letztendlich hatte ich Tag für Tag mit dem zu kämpfen, was sie bei Daniel alles versäumt hatte und was sie ihm alles angetan hatte.

Seine Wut darüber, dass seine Situation so war, wie sie war, ließ er natürlich an mir aus.
„Ich hasse dich!"
„Du bist nicht meine Mutter!"
„Lass mich in Ruhe!"
„Geh weg, du hast mir gar nichts zu sagen! Ich hasse dich!"
Es war laut und verletzend.
Ganz abgesehen von den körperlichen Attacken.
Mit den Füßen treten.
Die Türen zuschlagen.
Mit den Fäusten gegen den Schrank hämmern.

Nur eines passierte nie.
Er sagte nie: „Ich will wieder zurück zu meiner Mutter!"

Im Innersten war ihm wohl vollkommen klar, dass das nicht gut für ihn wäre.

„Meine Mutter hat mich grün und blau geschlagen", erzählte er einmal seinem Freund Niko, als wir in der Warteschlange im Supermarkt standen.

Und alle drehten sich nach mir um ...

Sein größter Wunsch war, dass ihm einmal jemand zärtlich über den Kopf streicht. Das hatte mir seine frühere Lehrerin Frau Sommer erzählt, als ich damals, ganz zu Anfang einen Tag in seiner alten Schule mit ihm verbracht hatte.

Was für ein herzergreifender Wunsch. Was für traurige Gedanken von einem kleinen Jungen.

Selbstverständlich hätte ich ihm diesen Wunsch gerne schon damals erfüllt.

Aber wie geht man bei einem fremden Kind mit Zärtlichkeiten um?

Waren wir uns tatsächlich schon so vertraut?

Manchmal zuckte er schon bei der kleinsten Berührung zusammen und wich zurück.

Er ließ sich dann noch nicht mal an die Hand nehmen.

Machte sich stocksteif.

Konnte mir nicht in die Augen sehen.

Ich wollte auf keinen Fall übergriffig werden.

Der vermutliche Missbrauch ließ mich sehr vorsichtig sein.

Andererseits braucht so ein kleiner Mensch doch Körperkontakt.

Mal eine Umarmung.

Eben auch ein liebevolles Über-den-Kopf-Streichen.

Aber vielleicht brauchte er es auch gar nicht, weil er es nicht kannte. Wie so vieles.

„Meine Mutter macht viel bessere Lasagne als du!"

„Danilo, das kann schon sein. Aber ich habe den Eindruck, dass deine Mutter sehr selten gekocht hat. Du hattest immer Hunger, wenn ich dich abgeholt habe. Und wenn sie so gut für euch gesorgt hätte, dann wärst du doch jetzt nicht bei mir ..."

Schweigen.

Themawechsel.

„Einmal haben meine Schwester Celina und ich Milchreis gekocht."

„Und wie habt ihr das gemacht?"

„Es war nichts anderes da, und wir hatten Hunger. Da haben wir Milch und Reis ganz lange gekocht. Dann ist es zu heiß geworden, übergekocht und angebrannt. Es hat ganz doll gestunken. Alles lief den Herd runter. Das war dann ganz bitter, und dann haben wir ganz viel Zucker draufgetan. Mama war sauer, weil der Topf verbrannt war. Wir haben megaviel Ärger bekommen."

Zu dem Zeitpunkt müssen die beiden Kinder wohl vier und sechs Jahre alt gewesen sein.

Sicherlich hatte Daniel ein Loyalitätsproblem gegenüber seiner Mutter und seiner Familie.

Weil er es bei uns schön fand.

Diesen Konflikt konnte er manchmal nicht aushalten. Dann musste er testen, ob unsere Beziehung beständig war. Ob sie für ihn tragkräftig war und ihm erhalten blieb.

Er wurde dann lautstark, wütend und zerstörerisch. Aus heiterem Himmel. Von einem Moment auf den anderen. Keiner wusste, warum.

Schmiss mit Sachen um sich und hatte eine Freude daran, Dinge kaputt zu machen.

Drosch mit einem Stock auf die Blumen im Park ein oder trat gegen die Mülleimer, dass es nur so schepperte.

„Der ist ja voll gestört!"

Meine Kinder und auch die Menschen um uns herum hatten wenig Verständnis dafür.

Auch mir fiel es nicht leicht, gelassen zu bleiben und das auszuhalten.

Wenn es zwischen uns zu einem Konflikt in der Öffentlichkeit kam, wurde es besonders schwierig für mich. Ich musste mich dann entscheiden, ob ich meine Ansage in aller Konsequenz durchzog oder lieber stillschweigend darüber hinwegsah, um das Ganze später in Ruhe mit ihm zu besprechen. Das war aber nicht immer möglich. Häufig gab es heftige Szenen und lautstarke Debatten zwischen uns.

Da gab es dann Leute, die sich lautstark über das vollkommen unerzogene Kind aufregten.

„Sagen Sie mal, können Sie eigentlich nicht mit Ihrem eigenen Kind umgehen? Dem fehlt ja jegliche Erziehung! Dass so etwas überhaupt möglich ist!"

„Nein, ich kann nicht mit dem Kind umgehen! Ja, ihm fehlt jegliche Erziehung! Und ja: So etwas ist möglich!"

Es gab aber auch Menschen, die sich vehement einmischten und die Polizei und den Kinderschutzbund rufen wollten.

Letzteres hatte zur Folge, dass Daniel mir triumphierende Blicke zuwarf.

„Siehst du, du kannst mir gar nix!"

Irgendwann im Herbst hatten wir einige Stunden auf einem Spielplatz verbracht, und ich bat ihn, mit mir zum Auto zu gehen. Ich hatte einen Termin und musste nach Hause fahren. Es wurde auch schon langsam dunkel.

„Ich will aber nich!"

„Es tut mir leid, aber wir müssen los!"

„Ich bleib hier!"

Er setzte sich mit verschränkten Armen und finsterer Miene auf den Boden. Seine Augen blitzten böse.

„Ich bleib hier! Du hast mir gar nix zu sagen! Du bist nich meine Mutter!"

Jegliches Auf-ihn-Einreden war sinnlos, er wurde immer wütender.

Ich nahm ihn am Arm. Er wehrte sich und trat nach mir.

Kräftemäßig war er mir unterlegen.

Noch!

Beißen konnte er mich nicht, da die zweiten Zähne gerade erst kamen.

Er war noch so klein und leicht – ich hätte ihn mir auch einfach unter den Arm klemmen und ihn zum Auto tragen können.

Das wäre aber sehr übergriffig gewesen.

Das wollte ich überhaupt nicht!

Doch was tun?!

Ich hatte das Gefühl, dass es sehr wichtig war, mich jetzt in dieser Situation durchzusetzen. Ich konnte ihn ja dort auch nicht allein lassen. Es wurde immer dunkler. Ich musste nach Hause. Beherzt griff ich ihm unter die Arme, hob ihn ein bisschen hoch und schob ihn gewissermaßen vor mir her. Er stemmte die Beine zum Bremsen in den Boden.

„Ich will nich!"

„Du kommst jetzt mit! Es geht nicht anders!"

„ICH WILL NICH!"

Er brüllte.

Wir kämpften erbittert miteinander. Der Schweiß stand mir auf der Stirn, ich war sehr aufgewühlt. Wütend. Verzweifelt.

Er sicher auch.

Gott sei Dank waren nicht viele Menschen unterwegs.

„Lass mich! Du tust mir weh!"

„Du kommst jetzt mit!"

Gott! Der Weg zum Auto war verdammt lang. Ich schob und zog und zerrte ihn hinter mir her.

Nach einer gefühlt endlosen Zeit erreichten wir das Auto. Ich hielt ihn an der Kapuze fest, da er weglaufen wollte. Mit zitternden Händen öffnete ich das Auto und stopfte Daniel – im wahrsten Sinne des Wortes – auf die Rückbank.

Tür zu!

Aufatmend und völlig fertig lehnte ich mich ans Auto.

Die Kindersicherung verhinderte, dass er rauskommen konnte.

Er kletterte nach vorne und drückte auf die Hupe.

Ich drehte mich in die andere Richtung und ignorierte es. So gut es ging.

Irgendwann hörte er auf und rollte sich schluchzend in seinem Kindersitz zusammen.

Ich machte die Tür auf, und nahm ihn – ebenfalls schluchzend – in den Arm.

EMPATHIE. HILFSBEREITSCHAFT. LÜGEN. STEHLEN.

Daniel konnte ungemein emphatisch und sehr liebevoll sein. Das entschädigte mich für vieles.

„Du siehst so gestresst aus. Soll ich dir mal den Nacken massieren?"

Wie kommt ein kleiner Junge auf so eine Idee?

„Soll ich dir einen Tee kochen?"

Gerade weil er noch so jung war, war das so besonders. Dieses liebevolle Mitgefühl von ihm berührte uns alle. Und es führte dazu, dass wir Kosenamen für ihn erfanden. Aus Daniel wurde „Danilo" oder „Danielowitsch".

Das gefiel ihm.

Zum Geburtstag bekam ich eine Geburtstagskarte von ihm.

„Danke! Du verdienst alles Gute auf dieser Welt!!!!! Wirklich!!!!!!"

Tausend Herzchen dazu.

Ich war natürlich zu Tränen gerührt.

Daniel war auch immer sehr großzügig. Man hätte jederzeit sein letztes Hemd, den letzten Schluck Limonade und das allerletzte Gummibärchen von ihm haben können. Das lag vermutlich daran, dass er überhaupt kein Gefühl für Werte hatte und nie wirklich etwas Eigenes besessen hatte. Er hatte nie etwas gehabt, was ihm ganz allein gehörte. Wenn denn seine Erzählungen von früher wirklich stimmten ...

Der Unterschied zwischen Wahrheit und Lüge war ihm allerdings nicht wirklich klar. Man wusste nie, ob seine Geschichten tatsächlich der Wahrheit entsprachen. Deshalb tat man ihm auch Unrecht, wenn er wirklich die Wahrheit gesagt hatte. Er wurde dann trotzig und sehr unwirsch:

„Warum soll ich die Wahrheit sagen, du glaubst mir ja eh nich."

„Wie kann ich dir glauben, wenn du mich so oft belügst?"
„Du glaubst mir ja nie! Dann is es doch egal, wenn ich lüge."
Die Unterhaltung drehte sich im Kreis. Er hatte kein Einsehen. Manchmal war ich mir nicht sicher, ob er seine wilden Geschichten nicht tatsächlich selbst glaubte. Gerade weil er sie erfunden hatte.

Ein großes Herz für andere Menschen besaß er auch. Mitgefühl für Armut, Leid und Elend. Einmal fragte er mich, als er die Bettler und Obdachlosen in den Einkaufsstraßen in den Hauseingängen sitzen sah:
„Wieso gibst du dem nicht wenigstens einen Euro?"
„Ich spende nur Geld, wenn jemand etwas tut. Musizieren oder malen. Oder Pantomime oder Kunststücke."
Daraufhin ging er schnurstracks zu einem auf dem Boden sitzenden Mann, der eine Dose mit ein wenig Kleingeld vor sich stehen hatte. Daniel zeigte mit dem Daumen auf mich und sagte:
„Die da ... Die gibt dir nur was, wenn du auch was dafür tust! Das ist dir hoffentlich klar?"
Er bekam keine Antwort.
„Du kannst doch was malen. Oder kannst du vielleicht singen?"
Ich hatte Angst, dass der Mann ärgerlich werden würde, und zog Daniel am Arm weiter.
„Lass mich! Ich wollte doch nur helfen!"
Und hilfsbereit war er wirklich immer.
Wenn es ihm gerade passte.
„Ich hol das für dich."
„Das kann ich doch machen."
„Schon erledigt!"
Ich glaube, so wollte er Pluspunkte sammeln, weil so vieles andere schieflief.

Als ich einmal am Nachmittag nicht zu Hause war, wollte er mir eine Freude machen und das Tafelsilber putzen. Einer meiner Söhne war zwar im Haus, achtete aber nicht auf ihn, weil er ihn vor dem Fernseher vermutete. Es war ein altes Besteck von meiner Urgroßmutter. Daniel hatte mir schon ein paarmal dabei geholfen, es zu putzen, und wusste, wie das ging. Solche Arbeiten machten ihm große Freude.

Unglücklicherweise hatte er aber in irgendeiner Fernsehsendung gesehen, dass man das Silber auch mit Alufolie und Salz zum Glänzen bringen könne. Das Mengenverhältnis hatte er natürlich überhaupt nicht im Sinn. Aber er führte sein Vorhaben voller Elan und mit gutem Willen durch.

Geschichtet im Spülbecken. Silberbesteck, Salz und Alufolie.

Dann kam ihm wohl leider irgendetwas anderes in den Sinn und er vergaß das Silber im Abwaschbecken.

Als ich es am Abend entdeckte, war das ganze Besteck vollkommen schwarz angelaufen.

Ich war fassungslos. Das gute Familiensilber! Das Erbstück!

„Daniiiiiielllll!"

„Sorry ... Ich wollte dir eine Freude machen ..."

Wie sollte ich da schimpfen?

Die Reparatur war sehr teuer, und ich hatte wieder die Diskussion mit der Haftpflichtversicherung: Ich hätte meine Aufsichtspflicht vernachlässigt ... Irgendwann, nach einem zähen Papierkrieg, wurde die Summe dann zumindest hälftig erstattet.

Geld besaß keinen Wert für Daniel. Man hatte es – oder eben auch nicht.

Er bekam ein wenig Taschengeld und konnte sich durch Mithilfe im Haus und Garten etwas dazuverdienen. Wenn er dann Geld hatte, gab er es sofort aus.

Oder er verlor es.

Verlegte es.

Wenn er kein Geld hatte und welches brauchte, bediente er sich einfach an meinem Portemonnaie.

Er fand das vollkommen in Ordnung und verstand gar nicht, warum ich dann ärgerlich wurde.

Der Lerneffekt war gleich NULL.

Bei nächster Gelegenheit nahm er sich wieder Geld aus meiner Börse.

Ich wusste nicht immer auf den Cent genau, wie viel Geld ich im Portemonnaie hatte. Aber ich hatte so ein ungefähres Gefühl, wenn etwas fehlte.

Natürlich hatte ich dann Daniel in Verdacht.

Aber was, wenn ich ihm Unrecht tat?

„Hmmm ... Ich hatte gestern unter anderem einen Fünf-Euro-Schein in der Tasche ...

Bevor ich Daniel überhaupt fragen konnte, ging er schon in die Kontroverse.

„Also, ich hab dir kein Geld geklaut."

Von Klauen hatte ich gar nicht gesprochen ...

Abgesehen davon, dass ich mir selbst nicht hundertprozentig sicher war, konnte ich ja auch gar nicht nachweisen, dass sich der Schein tatsächlich in meinem Portemonnaie befunden hatte. Und ich konnte auch nicht beweisen, dass Daniel sich bereichert hatte.

Um einem weiteren Streit aus dem Weg zu gehen, ließ ich die Sache auf sich beruhen.

Abends räumte ich seine Schmutzwäsche zusammen und stieß auf ein Papierknäuel in seiner Hosentasche. Ich fischte es heraus. Es war ein zerknitterter Kassenbon vom selben Tag. Über den Kauf von Süßigkeiten im Wert von fünf Euro.

„Das habe ich alles für einen Freund besorgt. Der hat mir das Geld gegeben", war Daniels Antwort.

Am meisten machte es mich wütend, dass er mich tatsächlich für so dumm hielt und mir so eine Geschichte auftischte.

Nach diesem Vorfall ließ ich meine Handtasche mit der Geldbörse im Handschuhfach im Auto liegen. Dadurch kam er erst gar nicht in die Verlockung, sich zu bedienen. Aber so hatte ich kein Bargeld im Haus. Wenn ich welches brauchte, musste ich an die Straße zu meinem parkenden Auto gehen. Schnell hatte er auch das heraus und nahm sich unbemerkt meinen Autoschlüssel, um sich Geld zu holen.

Also versteckte ich den Autoschlüssel im Haus, damit er ihn nicht fand. Häufig vergaß ich dann aber, wo ich ihn hingepackt hatte, weil ich ihn so oft verstecken musste.

Wenn ich Daniel beiläufig fragte, ob er meinen Autoschlüssel gesehen habe, wusste er meist sofort, wo er war.

Er verriet sich selber.

So schlau war er dann doch nicht.

Es war grotesk und brachte mich zur Verzweiflung.

Machte mich wütend.

Aber ich fand keine Lösung für das Problem.

Ich glaube, Daniel war sich gar nicht bewusst, dass das Diebstahl war. Er hatte einfach Lust auf Süßes, dafür brauchte er Geld, er wusste, wo Geld war – fertig.

WEIHNACHTSZEIT.

Apropos Süßigkeiten – auch die Adventszeit und Weihnachten brachten uns alle an unsere Grenzen.

Das erste Weihnachten mit Daniel. – Vielleicht überhaupt zum ersten Mal ein richtiges Weihnachtsfest für Daniel?!

Meine Familie liebt Weihnachten. Und es gibt weihnachtliche Traditionen, die auf gar keinen Fall verändert werden dürfen.

Nach dem Totensonntag wird das ganze Haus innen und außen festlich geschmückt.

Daniel war sehr angetan, als er von der Schule nach Hause kam.

Natürlich hing auch an seinem Fenster ein Lichterstern.

„Boahhhh, voll cool!"

Am ersten Advent dann der Adventskranz.

Daniel, der ja gerne mit Feuer spielte, zündete natürlich sofort alle vier Kerzen an.

Nur mit Mühe war ihm klarzumachen, dass man sie erst nach und nach anzündet.

Am ersten Dezember bekam er einen Adventskalender mit ordentlich viel Schokolade darin.

„Boahhhh, voll cool!"

Innerhalb weniger Stunden waren alle Türchen geöffnet, die kleinen Überraschungen aufgegessen und die Türchen sorgsam wieder zugedrückt … Und es war ja durchaus nicht so, dass er bei uns sonst keine Süßigkeiten bekam.

Ich sprach ihn darauf an.

„Ich war das nicht."

„Dann war es wohl der Hund?!"

„Ich war das nicht!"

Am Abend vor Nikolaus sollte er seine Stiefel säubern, um sie vor die Tür zu stellen. Er weigerte sich strikt, weil er das für kompletten Unsinn hielt. Also glaubte er weder an den Nikolaus noch an den Weihnachtsmann?! Ich konnte mir das gar nicht vorstellen. Schließlich war er von klein auf in der Krippe, in der Kindertagesstätte und dann in der Schule gewesen. Gerade dort wurde die Weihnachtszeit doch intensiv gefeiert.

Als ich abends an seiner Zimmertür vorbeikam, standen seine Stiefel aber doch davor.

Völlig verdreckt. Schlammverschmiert.

Ein dicker Schokoladen-Nikolaus, ein Micky-Maus-Buch und jede Menge Gummibärchen fanden dennoch ihren Platz darin.

Am Nikolausmorgen war er begeistert.

„Boahhh, voll cool!"

„Na, da hast du aber Glück gehabt. Wär' ich der Nikolaus, ich hätte nichts in diese Dreckstiefel gepackt!"

Er schaute mich zweifelnd an und sagte ausnahmsweise einmal nichts.

Wie in der Weihnachtszeit üblich, gab es jede Menge Weihnachtsfeiern. In der Schule. Bei der Jugendfeuerwehr. Beim Fußball.

Ich nahm ihn mit ins Pflegeheim zu meiner Mutter. Die alten Menschen freuten sich sehr über den kleinen Jungen als Gast. Daniel konnte ja auch sehr charmant sein.

Er wurde überschüttet mit süßen Sachen.

Die Schulbegleitung beschenkte ihn.

Das Au-Pair.

Die Vormundin.

Die Nachbarn.

Meine Freunde.

Verwandte.

Der arme kleine Junge aus dem sozialen Brennpunkt ...

Nur von seiner Familie kam nichts. Kein Paket. Kein Weihnachtsbrief.

Es war definitiv alles viel zu viel für ihn.

Er war total überfordert.

Am 24. Dezember war er völlig durch den Wind. Den Baum hatten wir am Abend zuvor schon geschmückt. Berge von Geschenken lagen darunter. Wir sind nun einmal eine sehr große Familie.

Er sollte nicht ins Wohnzimmer gehen, da ja irgendwann der Weihnachtsmann kommen würde. Wieder schaute er mich an, als ob ich krank wäre.

Und natürlich ging er klammheimlich ins Wohnzimmer.

Vor der Bescherung gehen wir alle normalerweise in die Kirche.

Daniel weigerte sich.

„Das is voll langweilig da. Ich geh nicht mit."

„Dann gibt es keine Geschenke."

„Is mir doch egal."

„Wir gehen alle. Das ist Weihnachten so üblich."

„Is mir egal."

Ich konnte und wollte ihn unmöglich alleine zu Hause lassen.

Womöglich würde er den Baum anzünden.

Alle Geschenke auspacken.

Den Kamin anzünden.

Nicht auszudenken. Er musste mit.

„Du zwingst mich! Das ist unfair!"

Irgendwie schafften wir es, mit ihm in die Kirche zu kommen.

Aber wir kamen zu spät. Der Gottesdienst hatte schon begonnen. Ich zog Daniel hinter mir her. Ärgerliche Blicke folgten uns. Meine Familie war auch schon ziemlich angespannt.

Daniel hampelte auf der Kirchenbank rum. Redete laut dazwischen. Machte sich einen Spaß daraus, sitzen zu bleiben, wenn die Gemeinde aufstand. Und aufzustehen, wenn alle sich setzten. Die Menschen um uns herum fanden das nicht witzig. Wir ernteten weitere böse Blicke und Kopfschütteln. Meinen Kindern war es mehr als peinlich. Mir auch.

„Mama, tu doch was!"

Ich rüttelte Daniel am Arm, um ihm klarzumachen, dass es so nicht ging.

Er reagierte unwillig und wurde laut.

Ich wollte – vor allem wegen meiner Familie – die Kirche nicht mit ihm verlassen.

In meiner Not gab ich ihm mein Handy zum Spielen – und sofort kehrte Ruhe ein.

Ich atmete auf.

Aber unsere Sitznachbarn schüttelten nun erst recht die Köpfe.

In der Kirche mit dem Handy spielen …

Es war ein Spießrutenlauf, als wir die Kirche nach dem Gottesdienst verließen.

Ich hatte das Gefühl, alle starrten uns an.

Die Frau mit dem vollkommen unerzogenen Kind …

Auf dem Heimweg schimpfte ich mit Daniel. Ich war wirklich sauer.

„Kannst du dich nicht ein einziges Mal normal benehmen?! Nur ein einziges Mal?!"

„Das war scheißlangweilig da. Ich wollte nich dahin."

„Aber ich. Und wir alle. Und da musst du auch mal mitmachen. Wir sind eine Familie!"

„Will ich aber nich. Ihr seid alle doof!"

Zu Hause rannte er wütend die Treppe hinauf und verschwand türknallend in seinem Zimmer.

„Ich hasse euch! Kackweihnachten!"

Ich war wütend und traurig zugleich.

Ich wollte ihm so gerne ein schönes Weihnachtsfest bereiten.

Und meiner Familie auch.

Nun hing der Haussegen komplett schief.

Daniel wollte nicht mehr herunterkommen.

Wir aber wollten mit der Bescherung anfangen.

Die Gans war im Ofen.

Die Zeit drängte.

Meine Mutter war ungeduldig, hatte Hunger und wollte essen.
Meine Kinder waren aufgebracht.
Daniel sprengte unsere weihnachtlichen Rituale.
Wir hörten ihn oben mit den Füßen trampeln und mit Büchern schmeißen.
Er war vollkommen überreizt.
Es war alles zu viel gewesen.
Und das brach nun aus ihm heraus.
Meine älteste Tochter, die er sehr schätzte, ging nach oben und versuchte mit ihm zu reden.
Es dauerte eine Weile, dann kam sie herunter.
„Er braucht noch einen Moment, dann kommt er."
„Danke. Das war echt lieb von dir. Bist ein Schatz."
„Der zerstört unser ganzes Weihnachtsfest, Mama."
„Ja. Es tut mir leid."
Wir zündeten die Kerzen an. Ich klingelte mit dem Glöckchen, wie zu Kinderzeiten.
„Ohhhh ... Der Weihnachtsmann war da!"
Und – Daniel kam mit angespanntem Gesichtsausdruck hereingeschlichen.
Seine Körpersprache war eindeutig auf Krawall gebürstet.
Ich atmete tief durch.
Der Lichterschein, die Musik, der Baum, die Geschenke, das alles überwältigte ihn aber doch.
„Frohe Weihnachten!"
Aber als wir die Weihnachtsgeschichte vorlasen, maulte er wieder herum.
„Das is langweilig. Ich will jetzt die Geschenke auspacken!"
„Nein, Daniel. Erst lesen wir die Weihnachtsgeschichte zu Ende. Das gehört einfach dazu."
Es war ein Eiertanz, und die Stimmung drohte jeden Moment zu kippen.
Bei jedem Einzelnen!

Trotz allem Verständnis für Daniel hatte in diesem Moment keiner mehr Mitgefühl für ihn. Im Raum stand nur der stille Vorwurf, dass da nun ein Pflegekind in der Familie war, das einfach nur störte.

Ich fühle mich schlecht.

Ein Schluck Sekt und ein Kinderpunsch für Daniel lockerten die Stimmung ein klein wenig.

Mit dem ersten Geschenk wurde Daniel dann deutlich entspannter.

Überraschungen! Freude! Das nächste!

Nach der Bescherung wollte er sich nicht zum Festessen an den Tisch setzen.

„Ich will mit meinen Geschenken spielen. Ich will keine blöde Gans!"

Ich ließ es geschehen. Um des lieben Friedens willen.

Wir waren alle angestrengt.

Frohes Fest!

Am ersten Weihnachtstag war seine Stimmung deutlich friedlicher.

Dankbar.

„Das war das schönste Weihnachtsfest, das ich je erlebt hab. Bei uns waren manchmal gar keine Geschenke. Nur Schokolade und Würstchen."

Im nächsten Jahr würde das Weihnachtsfest mit Daniel sicher schon viel entspannter sein.

Dachte ich.

Aber Jahr für Jahr sprengte Daniel unsere Weihnachtsfeierlichkeiten. Wenn etwas zu schön war, konnte er es einfach nicht aushalten.

Ein andermal zeigte sich das insbesondere im Zusammenhang mit seiner Süßigkeiten-Gier. Er strich ja immer, das ganze Jahr über, sobald wir Limonaden, Säfte, Kekse, Schokolade oder Ähnliches im Hause hatten, um die süßen Sachen herum. Binnen kürzester Zeit waren die ersten Teile verschwunden und nur kurze Zeit später auch der Rest.

„Daniel, hast du dir die Schokolade genommen?"

„Nein! Wieso?"

„Na, weil sie nicht mehr da ist."

„Also ich war das nicht. Die Sorte mag ich gar nicht."

„Mensch, Daniel, der Hund war es sicher nicht. Und von den anderen ist heute noch keiner da gewesen."

„ICH war das NICHT!"

Natürlich fand ich die Alupapierchen später in seinem Zimmer. Oder in seinen Hosentaschen. Spätestens im Sieb der Waschmaschine.

Verbote hatten bei ihm wenig Erfolg.

Zucker macht bekanntlich glücklich, und somit war seine große Lust auf Süßes durchaus nachvollziehbar.

Meine Kinder hatten aber relativ wenig Verständnis. Sie wollten ja auch hin und wieder etwas von den Naschereien haben. Also schloss ich die süßen Sachen in den Küchenschrank. Wenn ich nicht aufpasste, nahm er sich klammheimlich den Schlüssel, und wieder waren die Süßigkeiten weg.

Ich versteckte sie an verschiedenen Stellen im Haus. Spitzfindig wie er war, fand er sie natürlich trotzdem.

An Daniels drittem Weihnachtsfest bei uns hatten wir Jaap zu Gast, einen Austauschstudenten aus Maastricht. Er hatte uns einige Mitbringsel aus Holland mitgebracht und war eine echte Bereicherung. Wir alle mochten ihn schnell sehr gern. Auch Daniel war rasch mit ihm vertraut geworden. Am Heiligabend, kurz bevor wir alle in die Kirche gehen wollten, brach plötzlich ein hektischer Tumult im Haus aus.

„Daniii, hast du dir Schokolade aus dem Gästezimmer genommen?", rief einer meiner Söhne. Er klang ziemlich aufgeregt.

„Nein, ich war das nicht. Immer soll ich alles gewesen sein! Das ist gemein!", schrie Daniel.

In der Weihnachtszeit war er immer besonders schnell gereizt. Überreizt.

„Dani, jetzt mal ganz ehrlich, HAST DU DIR SCHOKOLADE AUS JAAPS KOFFER GENOMMEN?"

„NEIN!", brüllte Daniel zurück.

Mein Sohn ging noch weiter. Er war sehr aufgeregt.

„Mach den Mund auf! Ich will sehen, ob du Schokolade im Mund hast."

„Nein. Mach ich nicht!"
„Doch! Machst du wohl."
„Was ist denn daran so schlimm?", fragte ich.

Ich konnte die Aufregung gar nicht nachvollziehen. So tragisch war es ja nun wirklich nicht, wenn ein bisschen Schokolade fehlte. Mein Sohn warf mir verzweifelt einen verschwörerischen Blick zu. Jaap hatte einen hochroten Kopf und sah verschämt zur Seite. Ich verstand es nicht.

„Äh, die ist megabitter. Die schmeckt nicht. Die ist einfach nicht für Kinder", sagte mein Sohn.

Ich verstand es immer noch nicht.

„Na, das wird er doch merken, dann spuckt er sie aus."
„Nein! Mamaaa!"

Mein Sohn verdrehte die Augen, kam auf mich zu und flüsterte mir ins Ohr.

„Das ist Cannabisschokolade."
„Oh Gott!"

Jetzt verstand ich die Sorge und Not natürlich sofort. Und war in höchster Alarmbereitschaft.

„Daniel, ganz ehrlich jetzt, hast du die Schokolade gegessen?! Es ist wichtig!"

Daniel war uneinsichtig. Bockig.

„Wieso?"
„Weil diese Schokolade nicht gut für Kinder ist. Mach bitte den Mund auf."
„Ich habe sie nicht geklaut!"
„Daniel, bitte. Lass mich in deinen Mund schauen. Sonst muss ich mit dir ins Krankenhaus fahren."

Aufgrund unserer Aufregung wurde er nun ein wenig ängstlich und machte endlich den Mund auf. Außer ungeputzten Zähnen war nicht viel zu sehen. Kleinlaut murmelte er vor sich hin.

„Die Schokolade war bitter, da habe ich sie ausgespuckt."
„Wohin?"

Er zeigte auf den Mülleimer.

Wir stürzten alle zum Mülleimer, und ich sah nach. Wühlte im Abfall herum. Und fand tatsächlich einige ausgelutschte Schokoladenstückchen und den Rest der angebrochenen Tafel.

Wir waren erleichtert.

Aber vielleicht hatte Daniel doch etwas davon heruntergeschluckt? Was würde dann schlimmstenfalls passieren? Er würde wahrscheinlich albern werden und anfangen zu kichern. Aber im Moment ging es ihm offensichtlich gut. Und viel konnte er von der Schokolade nicht gegessen haben. Wir beschlossen, erstmal einmal abzuwarten und wie geplant in die Kirche zu gehen.

Im Notfall würde ich den Gottesdienst mit ihm verlassen. Und dann gegebenenfalls ins Krankenhaus fahren.

Während des Gottesdienstes beobachtete ich Daniel die ganze Zeit, aber er zeigte keinerlei Verhaltensauffälligkeiten.

Außer den üblichen.

Dem armen Jaap war das natürlich entsetzlich unangenehm. Er hörte gar nicht mehr auf, sich zu entschuldigen.

Irgendwie musste ich trotz der anfänglich großen Aufregung schmunzeln.

Die ganze Situation war einfach zu grotesk gewesen.

Wenn davon das Jugendamt etwas erfahren hätte ...

PFLEGSCHAFT VERSUS ADOPTION.

Nicht nur zur Weihnachtszeit sprengte Daniel alle möglichen an sich harmlosen Situationen.

Wenn mich zum Beispiel Fremde als seine Mutter ansprachen, wurden sie sofort von ihm zurechtgewiesen.

„Die is nich meine Mutter!"

Eine Erklärung von ihm folgte nicht, und die Menschen waren dann etwas brüskiert. Bis ich die Situation aufgeklärte.

„Daniel ist mein Pflegesohn."

„Das muss doch nicht jeder wissen!", kam dann als Kommentar von ihm.

Ich bat ihn, etwas freundlicher zu sein.

„Die Leute können das doch nicht wissen und haben es doch nur nett gemeint."

„Is mir doch egal! Geht die gar nix an!"

Später ging er allerdings dazu über, mich als seine Mutter zu bezeichnen. Er hatte gemerkt, dass das der einfachste Weg war. Denn dann fragte keiner mehr nach, und er musste nicht nach langwierigen Erklärungen suchen.

Die Wahrheit auszusprechen kam für ihn nicht in Frage.

Das war ihm unangenehm.

Peinlich.

Er wollte schon gerne zu uns gehören.

Unabhängig davon litt er unter einem Gewissenskonflikt gegenüber seiner Mutter und seinen Geschwistern. Wie gerne hätte er eine normale Familie gehabt.

„Warum kann meine Mutter nicht so sein wie du?"

„Vermutlich ist in ihrer eigenen Kindheit einiges schiefgegangen. Deshalb hat sie nicht gelernt, sich um ihre eigenen Kinder zu kümmern und die Verantwortung für ihre Familie zu tragen."

Schnell versuchte er, das Thema zu wechseln.

„Egal. Jetzt bin ich halt hier."

Ich versuchte, ihm klarzumachen, dass er bei uns eine riesige Chance bekommen hatte. Die Schule zu besuchen und erfolgreich zu beenden. Eine Ausbildung zu machen. Eigenes Geld zu verdienen. Und so später einmal ein geregeltes, glückliches Leben führen zu können. Eigentlich war er noch viel zu jung, um das richtig verstehen zu können. Trotzdem hatte ich das Gefühl, er wusste genau, was ich meinte. Natürlich war ihm bewusst, dass sein Leben bisher anders verlaufen war als das der anderen Kinder um ihn herum.

Selten habe ich ihn wirklich traurig erlebt.

Und nie war er neidisch.

Niemals gönnte er jemandem etwas nicht, was er vielleicht selbst gern gehabt hätte.

Irgendwann wurde mir in der Schule sehr herzlich zur Adoption von Daniel gratuliert.

„Frau Mohnsen, wie großartig, dass Sie das gemacht haben! Wie schön für Daniel!"

Ich fiel aus allen Wolken. Adoption? Ich erklärte, dass es sich um ein Missverständnis handeln müsse.

„Aber Daniel hat das heute ganz stolz in der Schule erzählt. Das ganze Kollegium hat sich für ihn gefreut!"

„Ich weiß gar nicht, wie er auf die Idee gekommen ist. Das ist – selbst, wenn ich es wollte – gar nicht möglich. Dazu müsste seine Mutter erstmal ihr Einverständnis geben. Das wird sie sicherlich nicht tun. Außerdem ist das ein langer juristischer Prozess, der gar nicht so schnell abzuwickeln ist."

„Oh, das tut mir aber leid. Das wäre doch so schön für ihn gewesen."

Ich konnte Frau Mertens ihre Anteilnahme und Rührung ansehen.

Abends, als Daniel zu Hause war, fragte ich ihn, wie er denn auf die Idee gekommen sei, so eine Geschichte zu erzählen. Ob er überhaupt wisse, was Adoption bedeutet.

„Klar, weiß ich, was Adoption heißt. – Ich wollte zu euch gehören. So, als wärst du wirklich meine Mutter."

Was für ein Kompliment.

Und wie tat er mir leid.

MUTTER UND SOHN.

Ich legte den Arm um ihn und erklärte ihm, warum das nicht ginge.

„Deine Mama müsste dich zur Adoption freigeben. Und ich glaube nicht, dass sie das tun wird."

„Is ihr wahrscheinlich eh egal."

„Auch wenn du es nicht immer merkst, sie hat dich sicher lieb. Aber eben auf ihre Weise."

Es fiel mir nicht leicht, so etwas zu sagen, weil ich das Verhalten der Mutter nur schwer nachvollziehen konnte.

Zum Geburtstag und zu Weihnachten kamen keine Geschenke.

Kein Brief. Kein Anruf.

Wenn überhaupt etwas kam, dann völlig verspätet und oft unpassend.

Eine Nintendo-Spielkonsole.

Ein Pullover, viel zu groß.

Süßigkeiten in ungesunden Mengen.

Ich akzeptierte das stillschweigend und kommentarlos.

Daniel freute sich riesig darüber.

Hatte mit mir Ärger, weil er kein Ende mit der Spielkonsole fand.

Trug den Pullover Tag und Nacht, obwohl er ihm bis zu den Kniekehlen ging.

Und die Süßigkeiten schwanden in rasantem Tempo.

Seine Mama war seine Mama.

Er liebte sie.

Egal was alles vorgefallen war.

Nach circa einem Jahr wurde vom Jugendamt bei einem Hilfeplangespräch beschlossen, dass Daniel und seine Mutter sich nun regelmäßig treffen sollten.

Die Bindung zu uns, zur Pflegefamilie, habe sich gefestigt und erschiene stabil.

Nun stünde einer Zusammenführung nichts mehr im Wege.

Obwohl es bei den Hilfeplangesprächen ausschließlich um die Mutter und ihren Sohn ging, nahm sie daran nur sehr selten teil. Sie hatte aber bei der Sozialarbeiterin beiläufig erwähnt, dass sie ihren Sohn gerne mal sehen wolle.

Mehr als ein Jahr war inzwischen vergangen.

Ohne irgendeinen Kontakt.

Man konnte den Eindruck gewinnen, sie hätte Angst vor Daniel und wüsste auch gar nichts mit ihm anzufangen.

Deshalb wurde beschlossen, dass bei diesem Treffen von Mutter und Sohn eine Therapeutin des Jugendamts dabei sein würde.

Gewissermaßen als Moderatorin. Frau Rössler.

Sie würde die Mutter vorher auf das Zusammenkommen vorbereiten und das Gespräch leiten, um ungünstige Themen zu verhindern. Außerdem sollte das Treffen hinterher mit der Mutter nachgearbeitet werden. Man wollte damit erreichen, dass die Mutter lernt, wie sie mit ihrem Sohn besser umgehen kann.

Abschließend würden die Therapeutin und ich uns noch einmal austauschen, wie sie das Treffen erlebt hatte und wie Daniel auf das Treffen reagiert hatte. Das scheint im ersten Moment sehr viel therapeutische Unterstützung zu sein. Aber ich war sehr dankbar dafür.

Viele Pflegekinder sind nach der Zusammenkunft mit ihren leiblichen Eltern vollkommen durcheinander. Sie erleben eine Gewissensnot gegenüber ihren Eltern. Und gegenüber ihren Pflegeeltern. Alte Wunden brechen auf. Ehemalige Verhaltensmechanismen kommen wieder zum Tragen. Von der Pflegefamilie werden die Tage danach oft wie ein Rückfall erlebt.

Wir vereinbarten einen Termin für das Mutter-Sohn-Treffen.

Frau Rössler würde mich anrufen, wenn Frau Wittke tatsächlich im Jugendamt angekommen wäre. Erst dann würde ich Daniel darüber informieren – und erst dann würden wir losfahren.

Wir wollten Daniel die bittere Enttäuschung ersparen, dass seine Mutter eventuell doch nicht erschien.

Die Erfahrung hatte immer wieder gezeigt, dass sie extrem unzuverlässig war.

Am verabredeten Tag zur verabredeten Zeit rief mich Frau Rössler an und bestätigte, dass Frau Wittke tatsächlich gekommen war.
  Ich freute mich sehr für Daniel.
  Ich ging in sein Zimmer. Er lag auf dem Bett und las.
  „Hey Danilowsky, steh mal auf und zieh deine Jacke an. Wir treffen gleich deine Mama."
  Er sprang wie angestochen hoch.
  „Waaaaas?! Echt jetz?!"
  „Ja. Sie wartet im Jugendamt auf dich. Ich wollte dich überraschen."
  Er strahlte über das ganze Gesicht.
  „Cooooooool!"
  Der Weg zum Jugendamt dauerte 20 Minuten mit dem Auto. In der gesamten Zeit redete Daniel, der hinten auf seinem Kindersitz saß, wie ein Wasserfall. Er plapperte plötzlich wahllos über lauter Dinge aus seinem früheren Leben. Dinge, über die er vorher noch nie mit mir gesprochen hatte.
  Er war wahnsinnig aufgeregt.
  Verständlich.
  Ein Jahr ohne Kontakt zur Mutter.
  Das Besucherzimmer war im vierten Stock.
  Oben angekommen, rannte Daniel den Gang entlang. Riss alle Türen auf. Schaute in die Räume. In die Gesichter der verdutzten Mitarbeiter.
  „Mama?"
  „Mamaaaa?!"
  Dann hatte er endlich den richtigen Raum erreicht – und flog in ihre Arme.
  „Mama!"
  Sie war sehr übergewichtig.
  Der kleine Kerl verschwand vollkommen in ihren Armen.
  Sie hielten sich eine Weile.

Die Mutter hatte Tränen in den Augen.

Es war sehr anrührend.

Und ich muss gestehen: Ich war auch ein wenig eifersüchtig.

Ich begrüßte die Mutter, sagte Daniel Tschüss und verließ den Raum. Es war ausgemacht, dass die beiden gemeinsam mit Frau Rössler eine Stunde Zeit haben sollten. Das wäre für den Anfang erst einmal genug.

Ich nutzte die Zeit, um meine Gedanken zu ordnen, und ging spazieren.

Auch ich war aufgewühlt.

Ich hatte mir immer gesagt, dass ich mich in meinen eigenen fünf Kindern verwirklicht hatte. Dass es mir nichts ausmachen würde, wenn das Pflegekind sich zu seinen leiblichen Eltern hingezogen fühlen würde. Dass ich keine tiefen Gefühle zu ihm entwickeln würde und dass ich das professionell abhandeln könnte. – Und nun war unser kleiner Danilo in den Armen dieser Frau, für die ich wirklich keinerlei Sympathie aufbringen konnte.

Aber es war ja nur für eine Stunde …

Als ich zum Besucherbereich des Jugendamts zurückkam, saßen Mutter und Sohn einvernehmlich nebeneinander und schauten auf ihr Handy. Sie spielten Super-Mario.

Daniel blickte kurz auf.

„Hey! Na?"

Frau Rössler sah ein wenig erschöpft aus. Der gesamte Fußboden war mit Büchern und Spielzeug bedeckt. Alle Kisten waren ausgekippt worden.

Alte Verhaltensmechanismen …

Nur mühsam konnten wir Daniel überreden, uns beim Aufräumen zu helfen. Er wollte lieber weiter am Handy spielen, und auch seine Mutter half eher unwillig mit. Dennoch war es in zehn Minuten geschafft, und wir gingen alle gemeinsam runter zum Ausgang. Wir wollten uns voneinander verabschieden.

Aber Daniel rannte schon vorweg zum Auto.

„Danilo, willst du deiner Mama nicht auf Wiedersehen sagen?"

„Ich will nach Hause!"

„Komm, sag schnell Tschüss!"

Widerwillig kam er zurück. Sah die Mutter gar nicht mehr an, gab ihr beiläufig kurz die Hand und verschwand wieder in Richtung Auto. Er war schon wieder in unserer Welt.

Warum hatte ich mir überhaupt Gedanken gemacht?

Danilo und ich fuhren nach Hause. Wieder redete er ohne Unterlass. Diesmal nur darüber, was er zu Hause alles machen wolle.

„Wie war euer Treffen denn?"

„Okay. – Was gibt es zum Abendessen?"

Das war das Einzige, was er dazu sagte.

Auch in den nächsten Tagen zeigte er keinerlei Verhaltensveränderungen oder Auffälligkeiten. Ich hatte aber das Gefühl, dass es ihm sehr gutgetan hatte, seine Mutter gesund und munter zu sehen und zu hören, wie es dem Rest der Familie ging.

Zwei Tage später rief mich die Therapeutin an und schilderte, wie sie das Treffen erlebt hatte.

Mutter und Sohn waren ganz offensichtlich froh, sich zu sehen.

Egal was passiert, Mutter und Kind haben eine archaische Beziehung.

Frau Wittke hatte Daniel von zu Hause erzählt. Wie es den Katzen ging und welche neuen Computerspiele es gebe.

Kein Wort, dass sie Daniel vermissen würde.

Kein Wort darüber, warum sie sich über ein Jahr nicht gemeldet hatte.

Warum sie nichts zum Geburtstag geschickt oder geschrieben hatte.

Warum sie nichts zu Weihnachten geschickt oder geschrieben hatte.

Warum sich der Vater nicht gemeldet hatte.

Keine Frage, ob Daniel sich bei uns wohlfühle.

Keine Frage, wie sein neues Leben sei.

Und Daniel hatte von sich aus auch nichts davon erwähnt.

Nach wenigen Minuten sei es ihm zu langweilig geworden und dann habe er angefangen, sämtliche Spielsachen aus den Regalen zu holen. Anfangs hätte Frau Rössler versucht, das Ganze ein wenig zu steuern, aber die Mutter habe sich auf kein vorgeschlagenes Spiel eingelassen.

Und Daniel auch nicht.

Dann habe die Mutter ihr Handy genommen und Fotos von der Familie gezeigt. Daniel habe aber relativ schnell die Regie über das Handy übernommen und angefangen zu spielen. Die Mutter sei überhaupt nicht in der Lage gewesen, das zu unterbinden. Sie sei eindeutig unfähig, mit ihrem Sohn umzugehen und erzieherisch auf ihn einzuwirken.

Bei dem darauffolgenden Hilfeplangespräch wurde beschlossen, dass Daniel und seine Mutter sich in Zukunft alle vier Wochen treffen sollten. Allerdings immer in Begleitung der Therapeutin. Die Gefahr, dass Mutter und Sohn sich nicht zum verabredeten Zeitpunkt am verabredeten Treffpunkt einfinden würden, war zu groß. Und da die Wahrnehmung der Mutter nicht immer ganz der Realität entsprach, hatte man Sorge, dass Daniel verwirrt werden würde. Genau wie Daniel erfand sie wilde Geschichten, die in keinster Weise der Wahrheit entsprachen.

Der Mama-Nachmittag fand nun einmal im Monat statt.

Im Jugendamt gab es jedoch keinen Raum dafür. Also trafen sie sich auf dem Spielplatz. Im Zoo. Auf dem Weihnachtsmarkt. Bei Mac Donalds.

Im Winter war es schwierig, draußen geeignete Orte zu finden.

Daniel freute sich auf diese Treffen.

Für einige Stunden tauchte er in seine alte Welt ein.

Wenn er zurückkam, war er wieder ganz bei uns.

In unserer Welt.

Das ging ein Jahr lang gut.

Und dann erschien Frau Wittke plötzlich nicht zum ausgemachten Termin. Frau Rössler, Daniel und ich warteten eine halbe Stunde, aber sie kam nicht. Sie ging auch nicht an ihr Telefon.

Daniel war extrem enttäuscht.

Wir fuhren nach Hause.

Er war still.

Traurig.

Es kamen über Monate keine weiteren Treffen mehr zustande. Frau Wittke meldete sich nicht und war auch nicht zu erreichen. Keiner wusste, warum. Beim Geschwistertreffen sagte Daniels älteste Schwester Celina, ihre Mama habe so viel zu tun gehabt, dass sie nicht kommen konnte.

Zu viel zu tun?!

Zu viel, um ihren Sohn einmal im Monat für zwei Stunden zu treffen?!

Sie war arbeitslos.

Keines der fünf Kinder lebte mehr bei ihr!

Ich verstand die Welt nicht mehr und bemühte mich, Daniel so gut es ging zu trösten.

Monate später erschien sie dann plötzlich wieder beim Hilfeplangespräch und bat um ein Treffen mit Daniel. Die Vormundin wies sie mehrfach eindringlich auf die Verantwortung hin, die sie für ihr Kind hat. Sie versuchte, ihr klarzumachen, was es für Daniel bedeutete, wenn sie nicht kommt. Frau Wittke nickte und hatte tausend Begründungen, warum das alles so gekommen war.

Auch ich war ungehalten. Dieser Termin kostete mich meine freie Zeit – und ich musste den armen Daniel seelisch wiederaufbauen.

Frau Wittke versprach, den Termin in Zukunft einzuhalten oder rechtzeitig vorher abzusagen.

Ein neues Treffen wurde geplant.

Frau Rössler würde die Zusammenkunft wieder vorbereiten, begleiten und anschließend nachbereiten.

Einige Monate ging alles gut und die Zusammenkünfte fanden regelmäßig statt. „Wann ist wieder Mama-Tag?"

„Ja, du hast recht, vier Wochen sind um."

„Cool!"

Daniel freute sich sehr und genoss diese Treffen sichtlich.

Doch dann erschien die Mutter plötzlich wieder nicht mehr. Keiner wusste warum. Sie war nicht zu erreichen.

Daniel war enttäuscht und sehr traurig. Aber er trug es mit Fassung.
„Meine Mama hat sicher so viel zu tun, deshalb kann sie nicht kommen."
Ich ließ es darauf beruhen.
Es war Frau Wittke nicht möglich, diesen Termin mit ihrem Sohn kontinuierlich einzuhalten.
So sahen sich die beiden oft monatelang nicht.
Daniel war es gewöhnt, mit Enttäuschungen umzugehen, und wandte sich sofort anderen Dingen zu. Um sich abzulenken.
Er war tapfer.
Er weinte nie.
Egal wie sehr er sich auch wehtat, es kamen keine Tränen.
Er ließ es nicht zu, wenn ich ihn in den Arm nahm und zu trösten versuchte.
Die starken psychischen Belastungen in seinem Leben hatten ihn hart gemacht.
Und das, obwohl er noch so jung war.

Dissoziative Störung, um sich selbst zu schützen.

Mit dem Problem, Langeweile nicht ertragen zu können, lernte er dagegen umzugehen. Ich erlaubte ihm ja grundsätzlich nur selten, den Fernseher oder den Computer anzumachen. So fing er irgendwann aus lauter Langeweile an, die Bücher auf den oberen Regalen in seinem Zimmer zu lesen. Das waren Bücher meines ältesten Sohns David, der sich schon als Kind sehr für Natur und Technik interessiert hatte. Davon profitierte Daniel jetzt.
Er las und las und las.
Alles.
Auch wenn es nicht altersentsprechend war.
Aus Frust.
Aber auch aus Interesse.
Durch dieses viele Lesen, sein fabelhaftes Gedächtnis, seine schnelle Auffassungsgabe und gezielt erlaubte Fernsehsendungen erlangte er

recht schnell einen großen Wissensschatz und gewann eine auffallend schöne Sprache. Damit war er seinen Mitschülern voraus und konnte Pluspunkte sammeln.

Denn leider nützte Daniel seine Intelligenz in der Schule nicht viel, da er die Leistungen häufig nicht dann abrufen konnte, wenn sie gefordert wurden. Häufig stand ihm seine Cleverness eher im Weg. Er blockierte sich selbst und verweigerte die Mitarbeit. Aus diesem Grund ergab sich eine bunte Palette von Schulnoten.

Von eins bis sechs.

Alles war möglich.

In allen Fächern.

Auch dadurch war sein Verbleib auf der Schule immer wieder gefährdet.

Er musste vor allen Schülern in der Aula eine PowerPoint-Präsentation über Vulkane halten.

300 Schüler.

Keine Verlegenheit. Kein Lampenfieber. Voll konzentriert.

Am Ende erhielt er tosenden Beifall.

Das Lehrerkollegium war beeindruckt.

Und Daniel war mehr als stolz. Glücklich.

Ich auch!

Die Klassenlehrerin nahm seinen Vortrag per Video auf, „damit wir etwas in der Hand haben, wenn sein Verbleib auf der Schule mal wieder in Frage gestellt wird".

Danke!

KLASSENREISE.

In der dritten Klasse ist es üblich, dass die Schulklasse eine Klassenreise unternimmt. Für viele Kinder ist es das erste Mal, dass sie für eine Woche allein von zu Hause weg sind. Eine lange Zeit. Erfahrungsgemäß sind die Kinder deshalb sehr aufgeregt. Und die Lehrer entsprechend auch. Es ist immer wieder ein Abenteuer.

Vor allem diesmal.

Wenn Daniel mitfahren würde.

Ich hatte zwar vorgeschlagen, ihn zu begleiten, aber das Angebot wurde abgelehnt. Es würde ihn wieder in die Rolle eines Außenseiters bringen, wenn seine Mutter - in diesem Fall ich - die Reise begleiten würde.

Die anderen Kinder hatten ja auch kein Elternteil dabei. Aber wir wollten ihm die Reise auf jeden Fall ermöglichen. Deshalb beschlossen wir, dass Carina, seine Schulbegleitung, mit auf die Reise gehen sollte. Die ganze Klasse war mittlerweile mit ihr so vertraut, dass es ganz normal wäre, wenn sie dabei sein würde. Und im Notfall könnte sie mit Daniel mit der Bahn nach Hause fahren.

Ich war sehr dankbar, dass sie sich darauf einließ, denn in dieser Form entsprach es eigentlich nicht mehr ihrem Aufgabengebiet. Ihrem Arbeitsbereich. Ganz abgesehen von der verlängerten Arbeitszeit und der Abwesenheit über Nacht. Aber sie mochte Daniel und sah es als Erweiterung ihrer Erfahrungen als zukünftige Lehrerin.

Die Reise ging zu einem Landschulheim, das in früherer Zeit ein Bauernhof gewesen war. Es gab einen Streichelzoo. Esel. Ziegen. Kaninchen. Meerschweinchen. Gänse. Einen Tümpel zum Baden. Eine Nachtwanderung war geplant.

Daniel freute sich wahnsinnig darauf.

Mir schwante so einiges an eventuellen Problemen und ich hatte ein mulmiges Gefühl.

Daniel stieg in den Bus.

Ohne sich nach mir umzudrehen oder sich zu verabschieden.

Carina sah meinen enttäuschten Blick, verdrehte die Augen, zog die Schultern hoch und stieg ebenfalls in den Bus.

Und dann hörte ich eine Woche lang nichts.

Einfach überhaupt gar nichts.

Eigentlich ein gutes Zeichen.

Aber ich vermisste ihn auch.

Am Ende der Woche stieg er fröhlich aus dem Bus.

„Hallöööchen! Alles klar?"

Und rannte zu meinem Auto.

Später berichtete Carina mir am Telefon von der Reise.

Die Woche war super gelaufen. Daniel hatte alles brav mitgemacht.

War zum besten Freund des Herbergsvaters geworden.

War einer der wenigen, die früh eingeschlafen waren.

Hatte die Nächte durchgeschlafen.

Sich pudelwohl gefühlt.

Kein Heimweh gehabt.

Und wollte eigentlich auch gar nicht wieder zurückfahren.

Ich freute mich sehr darüber.

Aber es tat auch ein klein wenig weh, so austauschbar zu sein.

Als ich seinen Koffer auspackte, sah ich, dass er in der ganzen Woche nur einmal die Wäsche gewechselt hatte.

„Da bin ich in den Teich gefallen. Da war alles nass."

Alles andere konnte ich so, wie ich es eingepackt hatte, wieder in seinen Kleiderschrank räumen.

Der Kulturbeutel war ebenso unbenutzt.

Nun gut, dafür hatte alles andere super geklappt.

Wir versuchten uns zu erklären, wieso die Klassenfahrt im Gegensatz zum normalen Alltag so unkompliziert verlaufen war.

Er hatte sich nicht gelangweilt.

Er mochte die Menschen, die um ihn herum waren.

Er musste sich nicht anstrengen.

Und: Er war solche Situationen wie im Landschulheim durch seine Heimaufenthalte gewöhnt.

Er konnte damit besser umgehen als so manches der anderen Kinder.

Einige hatten Heimweh, konnten nachts nicht schlafen, mochten das Essen nicht und wollten eigentlich am liebsten nach Hause.

Daniel war traurig, dass er nach Hause musste.

ERFOLG IN DER SCHULE.

Aufgrund seiner auffallenden – wenn auch nicht kontinuierlichen – Leistungen in Mathematik wurde Daniel zur Kinder-Mathe-Uni eingeladen. Das ist eine Talentförderung an der Universität für mathematisch besonders begabte Schüler.

Er war sehr stolz auf diese Einladung.

Ich aber hatte große Bedenken, ob er das unter lauter ihm unbekannten Menschen und in fremden Räumlichkeiten bewältigen würde. Begleitpersonen waren nicht zugelassen, da sonst die Ergebnisse verfälscht werden könnten. Die Resultate der Testreihe wurden nämlich auch zu wissenschaftlichen Forschungszwecken verwendet. Da die Veranstaltung den ganzen Tag dauern würde und verbindliche Zeiten nicht angegeben werden konnten, war es mir nicht möglich, an dem Tag dabei zu sein.

Ich besprach mit Kolja, dem Au-pair, und seiner Klassenlehrerin, wie wir es Daniel so leicht wie möglich machen könnten. Wir kamen überein, dass ich Kolja und ihn zur Uni fahren würde. Und sie würde ihn den Tag über begleiten. Während der Tests würde sie im Foyer auf ihn warten.

Ich erklärte ihm alles ganz genau und instruierte ihn, was er in welcher Situation zu tun hatte.

„Du neeervst! – Ich weiiiiß es!"

Meine Befürchtung war, dass er irgendwann keine Lust mehr haben würde und dann den Hörsaal verließ. Wenn er Kolja nicht finden würde, wäre er ganz alleine mitten in der Innenstadt. Er war gerade mal neun Jahre alt. Sicherheitshalber schrieb ich ihm meine und Koljas Handynummer auf den Unterarm und steckte ihm fünf Euro in die Tasche. Er hatte noch kein eigenes Handy. Hätte er eines gehabt, wäre er den ganzen Tag mit diesem Handy beschäftigt gewesen, anstatt seinen Verpflichtungen nachzugehen.

„Wenn du das alles richtig gut hinbekommst, bekommst du das neueste Micky-Maus-Taschenbuch von mir!"

„Cool. Wie lange muss ich das machen?"
„Nun ja, bis es zu Ende ist natürlich."
„Wie lange?"
„Weiß ich auch nicht. Lange."
„Das is ja dann total langweilig."
„Nein. Warte es mal ab. Du schaffst das. Ich weiß, dass du das kannst! Streng dich an! Zeig, was du draufhast!"

Mit einem etwas mulmigen Gefühl sah ich die beiden in dem alten Universitätsgebäude verschwinden.

Am frühen Nachmittag berichtete mir Kolja voller Freude am Telefon, dass Daniel tatsächlich bis zum Ende dabeigeblieben und mit den anderen Kindern gemeinsam aus dem Prüfungsraum gekommen sei. Es habe sich auch niemand über ihn beklagt. Daniel habe sie sofort im Foyer am verabredeten Ort gefunden und sogleich nach dem Micky-Maus-Heft gefragt. Ich war erleichtert und schlug vor, dass sie mit ihm zur Belohnung zu Mac Donald's gehen sollte. Das Taschenbuch hatte ich schon besorgt.

Abends, als ich es ihm gab, erzählte er, dass er wirklich alle Aufgaben gelöst habe und dass es sehr anstrengend gewesen sei. Er schien sehr zufrieden mit sich zu sein.

„Es hat Spaß gemacht, dran rumzuknobeln. Ich wollte es unbedingt rausbekommen."

In der folgenden Woche rief mich Frau Mertens ganz begeistert an. Daniel hatte das zweitbeste Ergebnis der Testung erreicht.

Den großartigen Erfolg haben wir mit seinem Lieblingsessen am Abend gefeiert: Linsensuppe.

Welches Kind liebt Linsensuppe?!

Daniel war nun mächtig von sich selbst überzeugt.

„Wenn ich mit der Schule fertig bin, geh ich auf die Uni. Das is cool da."
„Ja, aber dafür musst du erstmal auf deiner jetzigen Schule die gym-

nasiale Empfehlung erhalten. Und dann musst du acht Jahre aufs Gymnasium gehen und anschließend dein Abitur bestehen."

„Will ich ja auch. Wo is das Problem? Was du immer hast!"

Ich schickte ein Stoßgebet zum Himmel und machte drei Kreuze.

Was für eine Vision!

Das nicht beschulbare Kind ...

„Daniel, ich mache mit dir eine Rundreise durch Korea, wenn du dein Abitur bestehst!"

„Du meinst, dahin, wo Papas Familie herkommt?!"

Große Augen.

„Ja. Wenn du dein Abi geschafft hast, fahren wir dahin."

Er riss triumphierend die rechte Faust nach oben:

„Yes! Korea, wir kooooommen!"

Am Ende der vierten Klasse bekam Daniel tatsächlich die Empfehlung für das Gymnasium.

Trotz seines sehr schwankenden Notenbildes war klar, dass er aufgrund seiner Fähigkeiten und seines großen Allgemeinwissens aufs Gymnasium gehen konnte.

Sollte. Musste. Durfte.

Einigen Eltern in der Klasse mag das ein Dorn im Auge gewesen sein. Dass der Junge mit diesem Hintergrund und diesem Benehmen den Übergang ins Gymnasium geschafft hatte – und das eigene Kind nicht.

Neid und Missgunst!

Die beiden Schulen tauschten sich untereinander über Daniel aus.

Daten. Fakten. Unterlagen.

Bestätigung vom ReBBZ.

Das psychologische Gutachten.

Der Intelligenztest.

Daniel wurde von der Direktorin zu einem persönlichen Gespräch eingeladen.

Ich musste im Hintergrund bleiben und war ziemlich aufgeregt.

Ich hatte ihn vorher noch einmal gebrieft, wie er sich verhalten sollte.

Man konnte sich bei ihm nie so ganz sicher sein.
„Du neeeervst! Ich weiß es doch!"
Und tatsächlich, er parlierte mit Bravour und war sehr charmant. Anders kann man es nicht nennen. Ich bekam noch einen separaten Gesprächstermin. Stand Rede und Antwort. Sprach über meine Sorgen und Befürchtungen.
Und dann kam nach einer Woche die schriftliche Bestätigung.
Er war angenommen.
Am Gymnasium.
Das Kind aus dem sozialen Brennpunkt.
Das Kind, das angeblich nicht beschulbar war.
Die Möglichkeit, Abitur zu machen ... Ich konnte es kaum glauben.

Daniel war das alles ziemlich egal.
Er war niedergeschlagen, dass die Zeit in seiner Schule nun zu Ende war.
Dass er seine Klassengemeinschaft nicht mehr haben würde.
Dass er seine Lehrerinnen und Lehrer nicht mehr sehen würde.
Dass er das Schulgebäude mit dem weitläufigen Gelände dahinter nicht mehr betreten würde.
Sein Freund Niko würde auf eine andere Schule wechseln.
Alles würde anders sein.
Er war richtig traurig.
Wieder ein Verlust.
Wieder ein Abschied in seinem Leben.
Er hasste Veränderungen.
Ich versuchte ihn zu trösten.
Er wollte ja an die Uni, erinnerte ich ihn.
Die erste Hürde war geschafft.
Wie würde er den Schulwechsel wohl verkraften?

Vier aufregende und kraftzehrende Jahre mit Daniel waren vergangen.
Gegen alle Widerstände.
Mit vielen kleinen und vielen großen Erfolgen.

Es hat sich gelohnt.
Es waren tolle Erfahrungen, die wir gemeinsam gemacht haben.
Auch ich habe viel gelernt.
Lernen müssen.
Und Daniel hat unglaublich viel gelernt.
Es war hart für ihn.

Ich möchte Daniel nicht mehr missen.
Er ist jetzt seit acht Jahren bei uns – gehört zu uns.

GEDANKEN ZU UNSEREM SOZIALSYSTEM.

Seine Mutter und der Vater der jüngeren Kinder leben immer noch in derselben Wohnung wie damals. Eine Sozialwohnung für eine siebenköpfige Familie. Aber alle Kinder sind vor acht Jahren in Obhut genommen worden. Das bedeutet: Seit acht Jahren wohnen nur zwei Personen in dieser großen Wohnung. Wie sehr würde sich eine siebenköpfige Flüchtlingsfamilie über diese Wohnung freuen?! Dann müssten sie nicht mehr im Wohncontainer wohnen. Und Frau Wittke hätte nicht mehr so viel „Arbeit" mit der Wohnung. Darüber hat sie sich in dieser langen Zeit immer wieder beklagt, wenn sie zu einem Termin zu spät kam oder auch gar nicht erst erschienen war. Warum kümmert sich niemand von der Sozialbehörde um den Wechsel in eine angemessene, der Personenzahl entsprechende Wohnung?

Ich habe absolutes Verständnis und Mitgefühl beim Thema neue deutsche Armut. Aber da habe ich zum Beispiel eine alleinerziehende Mutter mit zwei kleinen Kindern im Kopf. Die tagsüber einen Bürojob hat und abends noch in der Arztpraxis oder im Supermarkt putzen gehen muss, um irgendwie über die Runden zu kommen. Zu stolz, um Sozialhilfe in Anspruch zu nehmen.

Aber wenn jemand einfach immer nur gar nichts tut?

Einfach nur nichts?

Fünf Kinder in einer Heim-Einrichtung, die durchschnittlich jeden Monat 4.000 Euro und mehr pro Kind kostet. Das macht 20.000 Euro im Monat, 240.000 Euro im Jahr. Nur für die Kinder.

Das Kindergeld wird im Fall einer Heimunterbringung gestrichen.

Die Mutter und der Vater bekommen jeweils ca. 480 Euro Sozialhilfe/Grundsicherung.

Dazu kommen:

- Wohngeld in Höhe von ca. 400 Euro
- die Kostenübernahme für Haushaltsenergie: Heizung, Strom, Wasser
- die Krankenversicherungsbeiträge, die für alle sieben Personen finanziert werden
- die einmalige Erstattung für Wohnungseinrichtung und Kleidung
- die Grundsicherung im Alter
- die Hilfe zur Überwindung von sozialen Schwierigkeiten
- die Hilfe zur Pflege
- die Hilfe in anderen Lebenslagen, Eingliederungshilfe
- Telefonkostenermäßigung
- Rundfunkbeitragsbefreiung
- und noch so manche individuelle Hilfeleistung, zum Beispiel Psychotherapie, Physiotherapie, Zahnregulierung, Kuraufenthalte.

Das alles nur für eine einzige Familie!

Ein mittleres Managementgehalt beträgt – je nach Unternehmen – circa 100.000 Euro im Jahr. Ein Lehrer verdient ungefähr 55.000 Euro. Die siebenköpfige Familie erhält ein Vielfaches mehr an finanzieller Unterstützung vom Staat im Jahr. Und diese umfassende Unterstützung wird vom Steuerzahler finanziert.

Mir drängt sich da die ketzerische Frage auf, warum man da noch arbeiten sollte.

Ich habe im Zusammenhang mit Daniel eine junge Frau mit zwei kleinen Kindern kennengelernt. 22 Jahre alt. Eine Nachbarin von Frau Wittke. Sie hat mir beeindruckend logisch vorgerechnet, dass sie 180 Euro weniger im Monat zum Leben hätte, wenn sie arbeiten gehen würde.

Häufig kommen die Heim- und Pflegekinder nach ihrem 18. Geburtstag wieder zurück in ihre Kernfamilie. Sie schaffen es nicht allein.

Ein Auffangprogramm der Behörden ist zwar vorhanden, aber die jungen Menschen sind ja volljährig. Sie können machen, was sie wollen.

Leider fehlt es ihnen meist an Halt und Struktur, um nicht in alte Muster zurückzufallen. Und schnell ist dann – trotz des jahrelangen hohen finanziellen und tätlichen Einsatzes von staatlicher Seite – die nächste Generation „Ich wär' ja blöd, wenn ich arbeiten würde" entstanden.

Ich möchte betonen, dass diese Angaben natürlich nur einen groben Eindruck der Situation vermitteln können. Vieles ist von Bundesland zu Bundesland unterschiedlich. Und vieles hängt von der individuellen Lebenssituation der bedürftigen Familie ab.

Aber ist man wirklich bedürftig, wenn man nicht arbeiten geht, obwohl man es geistig und körperlich tun könnte?!

Knapp 2,34 Millionen Arbeitslose gab es im März 2020 in Deutschland. Doch mit beinahe 6,48 Millionen lebten fast dreimal so viele Menschen in Deutschland von Arbeitslosengeld oder Hartz-IV-Leistungen, darunter ungefähr 1,87 Millionen Kinder und Jugendliche.

Ich habe so viel zu diesem Thema erfahren und erlebt, dass es mir ein Bedürfnis ist, diese Fakten auszusprechen, klar zu benennen.

Ganze fünf Jahre habe ich auf ein Pflegekind gewartet. Jetzt – Jahre späte – hat sich herausgestellt, dass diese unverhältnismäßig lange Wartezeit ausschließlich durch Versäumnisse der entsprechenden Behörden beziehungsweise der Mitarbeiter entstanden ist.

Urlaub. Krankheit. Unterbesetzt. Burn-out. Kur.

Manches Kind hätte in diesen fünf Jahren kein weiteres Leid erfahren müssen, wenn es denn rechtzeitig vermittelt worden wäre.

In unserer Familie war fünf Jahre lang ein Platz frei.

Ich habe in dieser Zeit einen 14-jährigen Jungen kennengelernt, der sein ganzes bisheriges Leben in einer Einrichtung verbracht hat. Um es

unzeitgemäß auszudrücken: Er ist in einem Kinderheim großgeworden. Der Junge hätte im Kleinkindalter sehr gut in eine Pflegefamilie vermittelt werden können. Seine Akte war aber vermutlich aus Versehen (oder aus Nachlässigkeit?) ganz unten im Aktenstapel liegen geblieben.
Eine Aktenleiche.

In den ersten Jahren mit Daniel bin ich immer wieder an den Vorgaben vom Jugendamt, Allgemeinen Sozialen Dienst und Vormund gescheitert.
Brauchte ich Rat oder Unterstützung, sprang nur der Anrufbeantworter an. Direkt habe ich am Telefon nie jemanden erreicht.
Urlaub. Krankeit. Unterbesetzt. Burn-out. Kur.
Ich wurde an die Kollegin weitergeleitet. Die war mit dem Fall nicht vertraut, und ich wurde vertröstet, bis meine Sachbearbeiterin wieder gesund sei.

Wichtige Zeit für Daniel verstrich.
Ein Platz für die Psychotherapie verfiel, weil die fehlende Genehmigung des Vormunds nicht rechtzeitig eingereicht wurde.
Jahrelang habe ich um Supervision gebeten, die ich vor allem in den ersten Jahren dringend gebraucht hätte. Der Antrag wurde – warum auch immer – nie genehmigt. Aufgrund der Dringlichkeit habe ich es dann selbst bezahlt.
Das Gleiche geschah mit meinem Antrag auf Nachhilfe für Daniel. Auch diese Unterstützung habe ich jahrelang selbst bezahlt.
Dem Antrag auf ein größeres Fahrrad, um zur Schule zu fahren, wurde nicht stattgegeben. Daniel hatte nur Anrecht auf ein Fahrrad. Und dieses erste Rad war recht schnell zu klein geworden. Also bezahlte ich ihm ein größeres Rad.
Ich bat um Unterstützung bei der Finanzierung von Daniels Freizeitsport und zu seinem Instrumentalunterricht.
Auch das wurde abgelehnt.

Um es noch einmal zu verdeutlichen: Für die Tätigkeit als Pflegemutter erhält man kein Geld. Man macht das ehrenamtlich.

Der Unterhalt für ein Pflegekind ist aber vergleichsweise gering.

Es waren keine zusätzlichen Luxusgüter, die ich einforderte. Es waren Dinge des alltäglichen Lebens, die teilweise sogar therapeutischen Nutzen für Daniel hatten.

Es war frustrierend.

Einige Jahre später kam es zu einem Personalwechsel. Daniels Vormundin Frau Dahmen ging in den Ruhestand. Frau Breuer-Höttges, die mich betreuende Mitarbeiterin vom Pflegekinderdienst, wurde versetzt, und die Leiterin des Jugendamts schied aus gesundheitlichen Gründen aus. Diese drei Stellen wurden nun mit drei jüngeren und hochmotivierten neuen Mitarbeitern besetzt.

Und siehe da: Auf einmal wurden die Kosten für Nachhilfe und Supervision übernommen.

„Selbstverständlich, Frau Mohnsen, das steht Ihnen doch zu!"

Die Gebühren für Musik- und Sportunterricht wurden zumindest teilweise getragen.

„Das steht Daniel zu, ich setze mich dafür ein."

Ich konnte es nicht fassen. In den vergangenen Jahren hatte ich immer wieder neue Anträge gestellt und dann doch alles privat finanzieren müssen.

Keiner konnte mir erklären, warum das in den Jahren vorher nicht möglich gewesen war.

Waren alle meine früheren Anträge auch zu Aktenleichen geworden?

Die Ausgaben aus den vorherigen Jahren wurden leider nicht rückwirkend erstattet, doch wie dem auch sei: Jetzt bewegte sich ja vieles.

Weiter geht's!

Mein herzlicher Dank geht an alle, die nicht den Mut verloren haben, die uns mit Geduld, Zuversicht und Zuspruch begleitet haben und nach wie vor an unserer Seite sind!

Alle Angaben, Statistiken und Zahlen beziehen sich auf das Jahr 2020.
  Doch dann kam Corona.
  Und damit änderte sich alles.
  Auch für Daniel.

DANKSAGUNG

Ich möchte mich von ganzem Herzen bei meinen eigenen fünf Kindern für ihre große Geduld und besondere Toleranz in einer – für alle Beteiligten – schwierigen Situation bedanken.
Ich habe Euch damit allerhand aufgebürdet!

Den Freunden und Verwandten, die uns mit Verständnis begleitet haben bin ich dafür sehr dankbar.
Es waren nicht viele!

Mein besonderer Dank geht an die großartige Grundschullehrerin von Daniel.
Sie hat ihn – gegen alle Widerstände – vier Jahre lang unerschütterlich und unermüdlich unterstützt.
Das war nicht selbstverständlich!

Und vor allem aber möchte ich Daniel selber danken.
Für all das, was er in diesen Jahren erlernt hat.
Für seine Unerschrockenheit.
Für seine Fröhlichkeit und seinen großen Lebensmut.
Ich glaube an Dich!